はじめに

JN069541

　本書は中国語の入門・初級段階を終えた学習者が中級レベルの学習内容も**無理なくスムーズ**に取り組めて、これまで以上に**興味を持って**学習してもらう構成を意識して作成しました。

　まず「**無理なくスムーズ**」に学ぶ仕掛けとして「**ウォーミングアップ**」（**2課分**）を冒頭に導入しています。学習内容をあまり詰め込みすぎず、既習事項のおさらいも兼ねた自己紹介などの平易な表現から触れることで「初級と中級の橋渡し」の役割を担えるよう特化しました。

　続く「**第1課〜第10課**」でも前半の課では重要な基本文法を確認しながらじっくりと学習を進めてもらい、後半に向けて徐々に難易度の高い、より複雑な文法や表現を提示するように心がけました。各課に配した練習ではその課で習った語彙や文法事項の理解・定着を目的に学習のポイントを絞ったリスニングや筆記（並べ替え・作文）問題を設けています。

　次に「**興味を持ってもらう**」ための仕掛けですが、これこそが本書最大の特長であり、また挑戦でもありました。

　従来のテキストでもキャンパスを舞台に書き、大学生が登場するものが多く存在してきました。本書はそのようにシチュエーションを取り込むだけでなく、各課の対話本文を「**中国人現役大学生**」に執筆依頼するという新たな試みをしています。

　現在も大学に在学する学生が自分たちのリアルな日常から着想を得て、実際に使っている語彙やフレーズについても検討を重ねた上で教材のスタイルに落とし込んでくれました。

　本書におけるこの試みが中国語を学ぶ学生たちの興味をひき、その積極的学習や学習内容の深い理解を促す効果も期待できます。

　本書で学ぶ私たちは現代の若者が書いたリアリティ溢れる対話文を通して、きっと中国の大学生の会話に参加しているような雰囲気を味わえるはずです。

　今回、日本の中国語学習者のために楽しくいきいきとした対話文を提供いただいた北京大学在校生である金芮先さん、王捷さん、阿婭古玆・木合亜提さんに心より感謝いたします。また、例文作成などで貴重なご意見を賜りました楊沛先生、王秉軍先生にも感謝申し上げます。

　最後に、出版に際して朝日出版社の中西陸夫氏、許英花氏には企画段階から多岐に渡ってたいへんお世話になりました。この場をお借りして改めて御礼申し上げます。

2022年9月

著者

目次

はじめに

| ウォーミングアップ I | 开学第一天 | 6 |

1. "叫我学长"　　　　2. "欢迎大家"　　　　3. "我来自日本"
4. "真巧"

●大学生に人気の就職先といえば…

| ウォーミングアップ II | 大学生的一天 | 12 |

1. "今天怎么样"　　　2. "挺好的"、"真棒"　　3. "那儿的泳池又大又干净"
4. "大家都很喜欢去玩儿"

●大学生が行きたい留学先といえば…

| 第1课 | 夜奔 | 18 |

1. 願望の助動詞 "要"　　2. フレーズ＋"的"　　　3. 結果補語
4. 許可を表す助動詞 "可以"　5. "有"＋名詞＋動詞句　6. "太〜了"

●大学生が好きな中国人シンガーといえば…

| 第2课 | 初雪 | 24 |

1. 様態補語　　　　　2. 存現文　　　　　　3. 助動詞 "会"
4. 助動詞 "能"　　　　5. 仮定表現　　　　　6. 経験相
7. 持続表現

●大学生が好きな夜食といえば…

| 第3课 | 第一个期末季 | 30 |

1. 原因・理由をたずねる①　2. 可能補語　　　　　3. 禁止表現
4. 将然相　　　　　　5. 強調の "还是"　　　6. "虽然〜 (可是・但是) …"

●大学生が好きな伝統的スポーツといえば…

| 第4课 | 滑雪场 一日游 | 36 |

1. "一〜就…"　　　　2. "先〜再…"　　　　3. 使役文
4. "要不〜"　　　　　5. "即使〜也…"　　　6. "帮"

●大学生が好きな新スポーツといえば…

第**5**课　百团大战　42

1. "每～都…"　　2. 二重目的語をとる動詞　　3. 原因・理由をたずねる②
4. "而且"　　5. "更"

● 大学生が好きなミルクティーのお店は…

第**6**课　社团活动　48

1. "看来"　　2. "白" + 動詞　　3. "不是～吗"
4. 目的を表す"为了"　　5. 副詞"才"　　6. "除了～以外"
7. "只要～就…"

● 大学生はどのような旅をするのか…

第**7**课　春游　54

1. "不是～就是…"　　2. 副詞"简直"　　3. 副詞"其实"
4. 動詞 + "光"　　5. 疑問詞の不定用法　　6. "不但～而且…"

● 大学生は週末に何をするのが好きか…

第**8**课　有趣的体育课　60

1. "因为～所以…"　　2. "竟然"　　3. "是不是"
4. "听说"　　5. "有时"　　6. "一边～一边…"

● 大学生が好きなSNSは…

第**9**课　就医　66

1. "有点儿" + 形容詞　　2. "毕竟"　　3. "只有～才…"
4. "把"　　5. 動詞 + "满"　　6. "越来越…"

● 大学生のバイト事情…

第**10**课　出发，去三亚　72

1. "怎么能～"　　2. "我看～"　　3. 選択疑問文"A 还是 B"
4. "不管～都…"　　5. "差不多"　　6. 前置詞"比"を使った差量の表現

● 大学生が好きなゲームといえば…

◆索引　78

开学第一天 🔊 01
Kāixué dì yī tiān

中国の大学は9月が新年度です。新入生と先輩の代表が初めて顔を合わせる対面式の日を迎えました。

王　浩： 大家好，我叫王浩，是中文系大二学生。

大家可以叫我学长，欢迎大家！

林　夏： 学长好，我叫林夏，是北京人。

王　浩： 欢迎欢迎！

请问这位同学叫什么名字？

中山健： 学长好，我叫中山健，请学长多多指教。

王　浩： 欢迎！

请问同学是留学生吗？

中山健： 是的，我来自日本。

金　玢： 真巧，我也是留学生。我叫金玢，来自韩国，

很高兴见到大家！

 新出単語 🔊 02

□ 开学 kāixué 　動 学校が始まる

□ 第一天 dì yī tiān　初日

□ 系 xì 　名 学部、学科

□ 大二 dà èr　大学2年次

□ 可以 kěyǐ 　助動 ～してよい、(許可して)～できる

□ 学长 xuézhǎng 　名 先輩

□ 欢迎 huānyíng 　動 歓迎する

□ 巧 qiǎo 　形 都合よい、具合がいい

Wáng Hào: Dàjiā hǎo, wǒ jiào Wáng Hào, shì Zhōngwén xì dà èr xuésheng.

Dàjiā kěyǐ jiào wǒ xuézhǎng, huānyíng dàjiā!

Lín Xià: Xuézhǎng hǎo, wǒ jiào Lín Xià, shì Běijīngrén.

Wáng Hào: Huānyíng huānyíng!

Qǐngwèn zhè wèi tóngxué jiào shénme míngzi?

Zhōngshān Jiàn: Xuézhǎng hǎo, wǒ jiào Zhōngshān Jiàn, qǐng xuézhǎng duōduō zhǐjiào.

Wáng Hào: Huānyíng!

Qǐngwèn tóngxué shì liúxuéshēng ma?

Zhōngshān Jiàn: Shì de, wǒ láizì Rìběn.

Jīn Bīn: Zhēn qiǎo, wǒ yě shì liúxuéshēng. Wǒ jiào Jīn Bīn, láizì Hánguó,

hěn gāoxìng jiàndào dàjiā!

□ 真巧 zhēn qiǎo （都合、タイミングが）ちょうどよい、何という偶然
□ 来自 láizì 動 ～から来る
□ 很高兴见到～ hěn gāoxìng jiàndào～ ～に会えてうれしいです

＊登場人物の名前　王浩 Wáng Hào ／ 林夏 Lín Xià ／ 中山健 Zhōngshān Jiàn ／ 金玢 Jīn Bīn

🔊 03 **①**　**"叫我学长"**

❶ 你叫我叔叔吧。　　Nǐ jiào wǒ shūshu ba.

❷ 你叫我小王吧。　　Nǐ jiào wǒ Xiǎo-Wáng ba.

‥‥▶「"叫我"～」で「私を～と呼んで」と伝えてみましょう。

練習1　（　　）に言葉を入れて会話を作ってみましょう。

A：我该怎么称呼你/您？　　Wǒ gāi zěnme chēnghu (nǐ/nín)?

B：你叫我（　　　　　）吧。　　Nǐ jiào wǒ (　　　　) ba.

🔊 04 **②**　**"欢迎大家"**

❶ 欢迎大家加入我的群。　　Huānyíng dàjiā jiārù wǒ de qún.

❷ 欢迎收看我们的精彩节目。　　Huānyíng shōukàn wǒmen de jīngcǎi jiémù.

‥‥▶"欢迎"の後にはフレーズを置くこともできます。

練習2　日本語の意味に合うように語句を並べ替えましょう。

みなさまのご搭乗を歓迎いたします。（みなさまが本機に搭乗することを歓迎します）

欢迎（乘坐　各位　航班　本次）

_____

補充単語 🍭★　🔊 07

叔叔 shūshu 名 おじさん、(子どもが年上の男性にいう)お兄さん　　该 gāi 助動 ～すべきだ
称呼 chēnghu 動 ～と呼ぶ、いう　　加入 jiārù 動 加入する　　群 qún 名 グループ
收看 shōukàn 動 (テレビを)視聴する　　精彩 jīngcǎi 形 すばらしい、精彩を放っている
节目 jiémù 名 番組　　乘坐 chéngzuò 動 (乗り物に)乗る　　航班 hángbān 名 (飛行機の)便

05 **3** "我来自日本"

❶ 你是哪国人？　　　Nǐ shì nǎ guó rén?

❷ 你来自哪里？　　　Nǐ láizì nǎli?

❸ 你是哪里人？　　　Nǐ shì nǎli rén?

❹ 你是什么地方人？　Nǐ shì shénme dìfang rén?

‥‥▶ よく使われる「出身国や出身地域」などをたずねる表現です。

練習3 （　　）に言葉を入れて会話を作ってみましょう。

A：你来自哪个国家？　　Nǐ láizì nǎge guójiā?

B：我来自（　　　　　）。　Wǒ láizì (　　　　).

06 **4** "真巧"

❶ 真巧，我和你的生日是同一天！
Zhēn qiǎo, wǒ hé nǐ de shēngrì shì tóng yì tiān!

❷ 真巧，他刚刚回来。你快去找他吧。
Zhēn qiǎo, tā gānggāng huílai. Nǐ kuài qù zhǎo tā ba.

❸ 真不巧，她已经走了。　Zhēn bù qiǎo, tā yǐjīng zǒu le.

‥‥▶ "真巧"は「何という偶然だ」、「（都合、タイミングが）ちょうどよい」という意味で、
"真不巧"は逆に「タイミングが悪い」という意味を表します。

練習4 （　　）に"真巧"か"真不巧"を入れて文を完成させましょう。

① （　　　　　），我非常喜欢吃这种点心。谢谢你！
（　　　　　）, wǒ fēicháng xǐhuan chī zhè zhǒng diǎnxin. Xièxie nǐ!

② （　　　　　），刚卖完。
（　　　　　）, gāng màiwán.

補充単語

同一天 tóng yì tiān　同じ日　　已经 yǐjīng 副 もう、すでに　　种 zhǒng 量 種、種類
点心 diǎnxin 名 お菓子　　卖完 màiwán　売り切れる

9

ドリル　Drill →

🔊 08 **1** 会話してみましょう。

❶ A：她叫你什么?
B：她叫我明明。

❷ A：欢迎你再来我家。
B：谢谢，我一定再来。

❸ A：他来自哪里?
B：他来自美国。

🔊 09 **2** 聞こえた質問に答えましょう。

❶ _____

❷ _____

❸ _____

大学生に人気の就職先といえば…

"金融（jīnróng）**"**「金融業界」：「銀行・保険・証券」などの業界で働くことは社会的ステータスも高く、高収入も見込めるため、とても人気があります。

"教育（jiàoyù）**"**「教育関連」：こども好きはもちろん、社会貢献ができる大変やりがいのある仕事のため人気となっています。

"公务员（gōngwùyuán）**"**「公務員」：収入や待遇の面で安定を求める大学生に人気で、近年受験倍率もかなり上昇しています。

10 ③ 以下の文を発音しましょう。

大家好！

我姓东，叫东庆介。东是东南西北的东，庆是国庆节的庆，介是介绍的介。大家可以叫我东东。

我来自东京。我是日本国际大学二年级的学生。我的专业是经济学。汉语我学了一年多了。我很喜欢学汉语。

以后请多多指教。谢谢大家！

11 補充単語

国际 guójì 名 国際	专业 zhuānyè 名 専門、専攻
经济 jīngjì 名 経済	（东庆介 Dōng Qìngjiè 東慶介）

※上の文を自身の自己紹介にアレンジして中国語で言ってみましょう。

④ ペアやグループで自己紹介に関連する質問もしてみましょう。

・你姓什么？　　　　　・你叫什么名字？

・你来自哪里？　　　　・你是哪国人？

・你是留学生吗？　　　・你学什么专业？

・你是哪个大学的学生？　・你是哪个学院的学生？

大学生的一天 🔊 12
Dàxuéshēng de yì tiān

🍬 中山くんとクラスメイトの金さんはともに大学生の生活にも慣れてきたようです。

中山健： 你回来了？ 今天怎么样？

金　玢： 挺好的。今天只有两门专业课，很轻松。

中山健： 真棒！我今天中午吃了麻辣香锅，特别好吃。

金　玢： 是吗？在哪个食堂啊？

中山健： 第三食堂和第六食堂都有。

　　　　 你哪天没有晚课？ 我们一起去吧。

金　玢： 好呀。今天星期二，后天我们都没有晚课，

　　　　 后天一起去吧。

中山健： 没问题。我现在要去体育馆游泳，你也去吗？

金　玢： 不好意思，我今天有点事，不能去。

　　　　 学长说那儿的泳池又大又干净，

　　　　 大家都很喜欢去游泳。

 新出单語 🔊 13

□ 回来 huílai 　動 帰ってくる

□ 挺（～的）tǐng（～de）　副 とても、かなり

□ 门 mén 　量 科目を数える単位

□ 轻松 qīngsōng 　形 気楽である、リラックスしている

□ 棒 bàng 　形 すばらしい

□ 麻辣香锅 málà xiāngguō 　名 スパイス
　 と辛味の効いた汁なし鍋

□ 特别 tèbié 　副 特に、とりわけ

□ 哪天 nǎ tiān 　どの日

□ 晚课 wǎnkè 　名 夜間のコマ、授業

Zhōngshān Jiàn: Nǐ huílai le? Jīntiān zěnmeyàng?

Jīn Bīn: Tǐng hǎo de. Jīntiān zhǐ yǒu liǎng mén zhuānyè kè, hěn qīngsōng.

Zhōngshān Jiàn: Zhēn bàng! Wǒ jīntiān zhōngwǔ chīle málà xiāngguō, tèbié hǎochī.

Jīn Bīn: Shì ma? Zài nǎge shítáng a?

Zhōngshān Jiàn: Dì sān shítáng hé dì liù shítáng dōu yǒu.

　　　　　　　Nǐ nǎ tiān méiyǒu wǎnkè? Wǒmen yìqǐ qù ba.

Jīn Bīn: Hǎo ya. Jīntiān xīngqī'èr, hòutiān wǒmen dōu méiyǒu wǎnkè,

　　　　　hòutiān yìqǐ qù ba.

Zhōngshān Jiàn: Méi wèntí. Wǒ xiànzài yào qù tǐyùguǎn yóuyǒng, nǐ yě qù ma?

Jīn Bīn: Bù hǎoyìsi, wǒ jīntiān yǒu diǎn shì, bù néng qù.

　　　　　Xuézhǎng shuō nàr de yǒngchí yòu dà yòu gānjìng,

　　　　　dàjiā dōu hěn xǐhuan qù yóuyǒng.

□ 要 yào 　助動　～なる、しようとする

□ 泳池 yǒngchí　名　プール

□ 又 yòu　副　また

□ 又～又… yòu～yòu…　～でもあり、また…でもある

□ 干净 gānjìng　形　清潔である、きれい

13

🔊 14 **1** "今天怎么样"

1 你好吗? Nǐ hǎo ma?　　——还好。Hái hǎo.

　　　　　　　　　　　——还是老样子。Háishi lǎo yàngzi.

2 一切都顺利吗? Yíqiè dōu shùnlì ma?

　　—— 一切都很好。Yíqiè dōu hěn hǎo.　　——马马虎虎。Mǎmǎhūhū.

‥‥▶ 調子や状況をたずねる表現です。答え方もさまざまです。

練習1 会話してみましょう。

A：你最近怎么样?　　Nǐ zuìjìn zěnmeyàng?

B：我很忙。/ 还好。　（Wǒ hěn máng. / Hái hǎo.）

🔊 15 **2** "挺好的"、"真棒"

1 风这么大，骑车相当困难。　Fēng zhème dà, qí chē xiāngdāng kùnnan.

2 写报告可真累啊。　Xiě bàogào kě zhēn lèi a.

3 我对现状十分满意。　Wǒ duì xiànzhuàng shífēn mǎnyì.

‥‥▶ 程度を強める副詞のレパートリーを増やしてみましょう。

練習2 　　内の単語を使い、それぞれ置き換えて言ってみましょう。

挺　真　特别　相当

A：我家的红烧肉味道怎么样?　Wǒ jiā de hóngshāoròu wèidào zěnmeyàng?

B：嗯，味道（　　　　）不错!　Ňg, wèidào（　　　　）búcuò!

補充単語 🔊 18

老样子 lǎo yàngzi　（体調などが）変わりない　　一切 yíqiè 代 すべて、一切

顺利 shùnlì 形 順調である　　马马虎虎 mǎmǎhūhū 形 何とかやっている、まあまあです

相当 xiāngdāng 副 かなり、相当　　困难 kùnnan 形 （行動・状況などが）難しい、困難である

可 kě 副 本当に、とても　　现状 xiànzhuàng 名 現状　　十分 shífēn 副 十分に、非常に

满意 mǎnyì 動 満足する　　红烧肉 hóngshāoròu 名 豚の角煮

16 **3** **"那儿的泳池又大又干净"**

❶ 这里的菜又便宜又好吃。　Zhèlǐ de cài yòu piányi yòu hǎochī.

❷ 那个模特儿既高又苗条。　Nàge mótèr jì gāo yòu miáotiao.

‥‥▶ ある人や物の特徴などを同時に挙げて伝えましょう。

練習 3 ▢ 内の単語を使って文を完成させましょう。

> 大 dà　辣 là　甜 tián　苦 kǔ　小 xiǎo

① 这种酒不好喝，又（　　　）又（　　　）。
　Zhè zhǒng jiǔ bù hǎohē, yòu（　　　）yòu（　　　）.

② 今年的苹果很好，又（　　　）又（　　　）。
　Jīnnián de píngguǒ hěn hǎo, yòu（　　　）yòu（　　　）.

17 **4** **"大家都很喜欢去玩儿"**

❶ 我非常喜欢看电影。　Wǒ fēicháng xǐhuan kàn diànyǐng.

❷ 我爷爷的爱好是集邮。　Wǒ yéye de àihào shì jíyóu.

❸ 她对日本插花很感兴趣。　Tā duì Rìběn chāhuā hěn gǎn xìngqù.

‥‥▶ 趣味や嗜好について話してみましょう。

練習 4 （　　）に言葉を入れて会話を作ってみましょう。

① A：你喜欢吃什么？　Nǐ xǐhuan chī shénme?

　B：我喜欢吃（　　　）。　Wǒ xǐhuan chī（　　　）.

② A：你对中国电影感兴趣吗？　Nǐ duì Zhōngguó diànyǐng gǎn xìngqù ma?

　B：我对中国电影感兴趣 / 不感兴趣。
　　Wǒ duì Zhōngguó diànyǐng (gǎn xìngqù / bù gǎn xìngqù).

補充単語

> 模特儿 mótèr 〔名〕モデル　既～又… jì~yòu… ～でもあり、また…でもある
> 苗条 miáotiao 〔形〕スリムである、プロポーションがよい　辣 là 〔形〕(ひりひりして)辛い
> 甜 tián 〔形〕甘い　苦 kǔ 〔形〕苦い　爱好 àihào 〔名〕趣味　集邮 jíyóu 〔動〕切手を収集する
> 插花 chāhuā 〔動〕生け花をする　感兴趣 gǎn xìngqù 興味を持っている

ドリル Drill →

🔊 19 **1** 会話してみましょう。

❶ A：咱们一起去看电影，怎么样？
   B：太好了！什么时候去？

❷ A：你现在住的房间怎么样？
   B：这个房间又大又干净，特别舒服。

❸ A：你对什么感兴趣？
   B：我对日本漫画感兴趣。

🔊 20 **2** 聞こえた質問に答えましょう。

❶ ＿＿＿＿＿＿＿＿＿＿＿＿＿＿＿＿＿＿＿＿＿＿＿＿＿＿＿＿＿＿＿

❷ ＿＿＿＿＿＿＿＿＿＿＿＿＿＿＿＿＿＿＿＿＿＿＿＿＿＿＿＿＿＿＿

❸ ＿＿＿＿＿＿＿＿＿＿＿＿＿＿＿＿＿＿＿＿＿＿＿＿＿＿＿＿＿＿＿

大学生が行きたい留学先といえば…

"英国（Yīngguó）"「イギリス」：ケンブリッジやスタンフォードを筆頭に名門が多く、現地で英語や専門を学びたい学生にとってあこがれの留学先です。

"美国（Měiguó）"「アメリカ」：世界各国から優秀な人材が集まる自由の国・アメリカはとても魅力的。そのまま現地での就職を目指す人も多くいます。

"新加坡（Xīnjiāpō）"「シンガポール」：世界有数の金融センター。同じアジア文化圏であり、英語のほかに中国語が公用語になっていることも人気の理由です。

21 3 以下の文を発音しましょう。

我喜欢吃中国菜。特别是喜欢吃麻婆豆腐。在家我常常做麻婆豆腐吃。我做的麻婆豆腐又麻又辣，非常好吃。我还喜欢喝中国茶。我对中国茶艺也很感兴趣。

今年暑假我打算去中国旅游。在中国，我想尝尝地道的麻婆豆腐，还想学一学中国茶艺。

4 （　　）に言葉を入れて、中国語で言ってみましょう。

❶ 我的爱好是（　　　　　　）。

❷ 我很喜欢（　　　　　）。

❸ 我对（　　　　　）很感兴趣。

❹ 我打算学（　　　　　）。

5 ペアやグループで趣味や嗜好に関連する質問をしてみましょう。

・你的爱好是什么?

・你喜欢玩儿游戏吗?　　・我喜欢狗，你呢?

・你喜欢做什么运动?　　・你喜欢看什么书?

・你对日本文化感兴趣吗?　　・你对什么感兴趣?

夜奔 22
Yèbēn

王　浩：朋友们，今晚是周杰伦专场夜奔，大家要来吗？

林　夏：真的吗？我超级喜欢周杰伦，

　　　　他的歌可是我的童年回忆，今晚我去定了！

中山健：哎，你们说的夜奔是什么？

林　夏：每周周二和周四晚上学校播放歌曲，

　　　　鼓励大家来操场跑步锻炼，这个就是夜奔啦！

王　浩：是啊，周二一般是点播形式，

　　　　周四是同学们自发组织的主题夜奔，

　　　　比如上次的环保主题和这次的周杰伦主题。

林　夏：没错，今晚最先跑完八公里的三位同学

　　　　可以拿到周杰伦的专辑，我已经准备好了！

中山健：还有奖品可以拿，这也太幸福了，

　　　　夜奔几点开始啊？

王　浩：今晚九点，就在二教南侧的操场，

　　　　我们下课一起过去吧。

新出单語 23

□ 专场 zhuānchǎng　名 メイン

□ 夜奔 yèbēn　名 夜間のジョギング、ナイトラン

□ 要 yào　助動 ～したい

□ 超级 chāojí　副 とても、超～

□ 可 kě　副 (強調)まさに

□ 童年回忆 tóngnián huíyì　幼いときの思い出

□ 定 dìng　動 決める、確定する

□ 每周 měi zhōu　每週

□ 播放 bōfàng　動 (メディアなどで)放送する

□ 鼓励 gǔlì　動 鼓舞する

□ 锻炼 duànliàn　動 鍛える、トレーニングする

□ 点播 diǎnbō　動 リクエストする

□ 自发 zìfā　形 自主的な

□ 组织 zǔzhī　動 組織する、運営する

□ 主题 zhǔtí　名 メインのテーマ

□ 比如 bǐrú　接 たとえば

「夜奔」（ナイトラン）は中国の大学の特徴的なスポーツイベントの一つです。

Wáng Hào: Péngyoumen, jīnwǎn shì Zhōu Jiélún zhuānchǎng yèbēn, dàjiā yào lái ma?

Lín Xià: Zhēnde ma? Wǒ chāojí xǐhuan Zhōu Jiélún,

tā de gē kě shì wǒ de tóngnián huíyì, jīnwǎn wǒ qùdìng le!

Zhōngshān Jiàn: Āi, nǐmen shuō de yèbēn shì shénme?

Lín Xià: Měi zhōu zhōu'èr hé zhōusì wǎnshang xuéxiào bōfàng gēqǔ,

gǔlì dàjiā lái cāochǎng pǎobù duànliàn, zhège jiùshì yèbēn la!

Wáng Hào: Shì a, zhōu'èr yìbān shì diǎnbō xíngshì,

zhōusì shì tóngxuémen zìfā zǔzhī de zhǔtí yèbēn,

bǐrú shàng cì de huánbǎo zhǔtí hé zhè cì de Zhōu Jiélún zhǔtí.

Lín Xià: Méi cuò, jīnwǎn zuì xiān pǎowán bā gōnglǐ de sān wèi tóngxué

kěyǐ nádào Zhōu Jiélún de zhuānjí, wǒ yǐjīng zhǔnbèihǎo le!

Zhōngshān Jiàn: Hái yǒu jiǎngpǐn kěyǐ ná, zhè yě tài xìngfú le,

yèbēn jǐ diǎn kāishǐ a?

Wáng Hào: Jīnwǎn jiǔ diǎn, jiù zài èr jiào nán cè de cāochǎng,

wǒmen xiàkè yìqǐ guòqu ba.

□ 环保 huánbǎo 　名 環境保護
□ 完 wán 　動 終わる
□ 公里 gōnglǐ 　量 キロメートル
□ 拿 ná 　動 受け取る
□ 专辑 zhuānjí 　名 アルバム、作品集
□ 准备 zhǔnbèi 　動 準備する
□ 好 hǎo 　形 （動詞の後に使い、満足した結果を伴
　い）しっかり〜する、〜し終わる

□ 奖品 jiǎngpǐn 　名 賞品
□ 二教 èr jiào 　名 第 2 教学棟
□ 过去 guòqu 　動 向こうに行く、通りすぎて行く

19

🔊 24 **1** 願望の助動詞 "要"

助動詞 "要" は「〜したい」という願望の意味を表します。否定形は "不想" とします。

- ❶ 他儿子要当足球明星。　Tā érzi yào dāng zúqiú míngxīng.
- ❷ 你要不要喝点儿饮料？　Nǐ yào bu yào hē diǎnr yǐnliào?
- ❸ 我现在不想出门。　Wǒ xiànzài bù xiǎng chūmén.

🔊 25 **2** フレーズ+"的"

助詞 "的" は「私の本、私たちの大学」のように所有者や所属を表しますが、動詞や形容詞を含む「フレーズ」で名詞を修飾することもあります。

- ❶ 我等的车来了。　Wǒ děng de chē lái le.
- ❷ 学汉语的学生不少。　Xué Hànyǔ de xuésheng bù shǎo.
- ❸ 这张照片是我拍的。　Zhè zhāng zhàopiàn shì wǒ pāi de.

🔊 26 **3** 結果補語

動詞の後ろに動詞や形容詞を置き、動作の結果を表すのが「結果補語」です。否定形は前に「"没 (有)"」を置きます。

- ❶ 你照顾好身体啊。　Nǐ zhàogùhǎo shēntǐ a.
- ❷ 我吃完饭就刷牙。　Wǒ chīwán fàn jiù shuāyá.
- ❸ 我去找她了，可是没找到。　Wǒ qù zhǎo tā le, kěshì méi zhǎodào.
- ❹ 你又打错字了。　Nǐ yòu dǎcuò zì le.
- ❺ 我刚才说的话，你听懂了没有？　Wǒ gāngcái shuō de huà, nǐ tīngdǒng le méiyou?

補充単語 🍭★ 🔊 30

明星 míngxīng 名 スター　　出门 chūmén 動 出かける　　拍 pāi 動 写真を撮る　　照顾 zhàogù 動 考慮する、注意を払う　　刷牙 shuāyá 動 歯磨きをする　　打 dǎ 動 (文字を) 打つ、タイピングする　　刚才 gāngcái 名 先ほど、さっき　　懂 dǒng 動 理解する

27 ④ 許可を表す助動詞 "可以"

「"可以"＋動詞」の語順で「〜していい、〜して差し支えない」という許可のニュアンスを表します。否定形は「"不能"＋動詞」とし「〜できない」という意味になります。

❶ 我可以不参加今天的会议吗？   Wǒ kěyǐ bù cānjiā jīntiān de huìyì ma?

❷ 请问，这些菜可以打包吗？   Qǐngwèn, zhèxiē cài kěyǐ dǎbāo ma?

❸ 我们现在可以进去吗？   Wǒmen xiànzài kěyǐ jìnqu ma?

    ——现在不能进去。   ——Xiànzài bù néng jìnqu.

28 ⑤ "有"＋名詞＋動詞句

「"有"＋名詞＋動詞句」の語順で「〜する〜がある、いる」という意味を表します。この文は動詞句が後ろから前の名詞を修飾する構造になっています。

❶ 有人喜欢你。   Yǒu rén xǐhuan nǐ.

❷ 我有一件事想问你。   Wǒ yǒu yí jiàn shì xiǎng wèn nǐ.

❸ 这儿没有地方坐。   Zhèr méiyǒu dìfang zuò.

29 ⑥ "太〜了"

程度を強調する副詞 "太" は文末に "了" を伴い「〜すぎる、たいへん〜である」という意味を表します。

❶ 今天太热了。   Jīntiān tài rè le.

❷ 这辆车非常酷，不过太贵了。   Zhè liàng chē fēicháng kù, búguò tài guì le.

❸ 你这么关心我，我太感动了。   Nǐ zhème guānxīn wǒ, wǒ tài gǎndòng le.

補充単語

会议 huìyì 名 会議   打包 dǎbāo 動 テイクアウトする   酷 kù 形 クールである、かっこいい   关心 guānxīn 動 気にかける   感动 gǎndòng 動 感動する

🔊31 **1** 聞こえた中国語を簡体字で書き取りましょう。

❶ _____

❷ _____

❸ _____

2 次の（　　）に適切な語句を入れましょう。

❶ 我不（　　　　）跑步。

　　・私はジョギングしたくないです。

❷ 这个字，你能看（　　　　）吗?

　　・この字、あなたは見てわかりますか。

❸ 你的名字，我又写（　　　　）了。

　　・あなたの名前をまた書き間違えました。

大学生が好きな中国人シンガーといえば…

"周杰伦 (Zhōu Jiélún)" は21世紀の中国音楽界を代表する「神曲」メーカーです。

"华晨宇 (Huà Chényǔ)" はオーディション番組『快乐男声 (Kuàilè nánshēng)』でグランドチャンピオンを勝ち取りデビューした新鋭です。

"邓紫棋 (Dèng Zǐqí)" は高らかなハイトーンと無限の肺活量を誇る実力派女性シンガーです。

3 次の語句を正しく並べかえて、日本語に訳しましょう。

❶ 买 / 你 / 书 / 哪儿 / 的 / 在 / ?

中国語 _____

日本語 _____

❷ 她 / 完 / 没 / 还 / 作业 / 写 / 。

中国語 _____

日本語 _____

❸ 没有 / 买 / 我 / 钱 / 电脑 / 。　　＊钱 qián　お金

中国語 _____

日本語 _____

4 日本語に合うように中国語（簡体字）に訳しましょう。

❶ ちょっと味見をしてもいいですか。（尝）

_____

❷ 私はトレーニングをしに行く時間がありません。（锻炼）

_____

❸ あなたが作る食事はたいへんおいしいです。（太～了）

_____

初雪 🔊 32

Chūxuě

王 浩：今年的初雪下得真大，外面都积了好厚一层雪。

林 夏：今年初雪下得还挺早的，待会儿我们一起去堆雪人吧。

中山健：下雪天的校园真好看！

我家乡冬天也会下雪，我特别喜欢冬天去滑雪。

王 浩：哇，你还会滑雪？

我家乡广东那边基本上不下雪，

滑雪也只能在室内滑雪场滑。

中山健：滑雪很有趣的，我比较喜欢单板滑雪，

感兴趣的话我们下次一起去滑雪场，

我免费给大家当教练。

林 夏：我只玩儿过双板滑雪，比起双板，

单板看着很酷，只是我怕摔就一直不敢学。

中山健：有我在，包教包会，这个冬天我们一定要一起去

滑雪。

新出单語 🔊 33

□ 得 de 〔助〕 動詞の後に置き、程度・さまなどを表す
□ 积 jī 〔動〕 積み重なる
□ 层 céng 〔量〕 重なっているものを表す
□ 待会儿 dāihuìr 〔副〕 ちょっとあとで
□ 堆 duī 〔動〕 積む、積み上げる
□ 雪人 xuěrén 〔名〕 雪だるま

□ 下雪天 xiàxuětiān 〔名〕 雪の日
□ 家乡 jiāxiāng 〔名〕 故郷
□ 单板滑雪 dānbǎn huáxuě 〔名〕 スノーボード
□ 的话 dehuà 〜ならば
□ 免费 miǎnfèi 〔動〕 無料にする
□ 教练 jiàoliàn 〔名〕 コーチ

第 2 課

Wáng Hào: Jīnnián de chūxuě xiàde zhēn dà, wàimiàn dōu jīle hǎo hòu yì céng xuě.

Lín Xià: Jīnnián chūxuě xiàde hái tǐng zǎo de, dāihuìr wǒmen yìqǐ qù duī xuěrén ba.

Zhōngshān Jiàn: Xiàxuětiān de xiàoyuán zhēn hǎokàn!

Wǒ jiāxiāng dōngtiān yě huì xiàxuě, wǒ tèbié xǐhuan dōngtiān qù huáxuě.

Wáng Hào: Wā, nǐ hái huì huáxuě?

Wǒ jiāxiāng Guǎngdōng nàbiān jīběnshàng bú xià xuě,

huáxuě yě zhǐ néng zài shìnèi huáxuěchǎng huá.

Zhōngshān Jiàn: Huáxuě hěn yǒuqù de, wǒ bǐjiào xǐhuan dānbǎn huáxuě,

gǎn xìngqù dehuà wǒmen xià cì yìqǐ qù huáxuěchǎng,

wǒ miǎnfèi gěi dàjiā dāng jiàoliàn.

Lín Xià: Wǒ zhǐ wánrguo shuāngbǎn huáxuě, bǐqǐ shuāngbǎn,

dānbǎn kànzhe hěn kù, zhǐshì wǒ pà shuāi jiù yìzhí bù gǎn xué.

Zhōngshān Jiàn: Yǒu wǒ zài, bāo jiāo bāo huì, zhège dōngtiān wǒmen yídìng yào yìqǐ qù

huáxuě.

□ 双板滑雪 shuāngbǎn huáxuě [名] スキー
□ 比起 bǐqǐ ～と比べる
□ 只是 zhǐshì [接] ただし
□ 怕 pà [動] 恐れる、心配する
□ 摔 shuāi [動] 倒れる、転ぶ
□ 敢 gǎn [助動] ～する勇気がある

□ 包教包会 bāo jiāo bāo huì 必ずマスターできるように教える

文法ポイント Point

🔊 34 **1** ## 様態補語

動作の程度やさまなどを表すのが様態補語です。「動詞＋**"得"**＋形容詞句」の語順で、目的語を伴う場合は「（動詞）＋目的語＋動詞＋**"得"**＋形容詞句」となります。

❶ 她包饺子包得很好看。　Tā bāo jiǎozi bāode hěn hǎokàn.

❷ 我爸爸喜欢唱歌，不过他唱得不好。
　　Wǒ bàba xǐhuan chànggē, búguò tā chàngde bù hǎo.

❸ 你昨晚睡得怎么样？　　Nǐ zuówǎn shuìde zěnmeyàng?

🔊 35 **2** ## 存現文

人や事物の「存在・出現・消失」を表す文型です。動詞の後に意味上の主語を置きます。

❶ 昨天早上我家来了一位客人。　Zuótiān zǎoshang wǒ jiā láile yí wèi kèrén.

❷ 院子里飞进了一只小鸟。　　Yuànzi li fēijìnle yì zhī xiǎoniǎo.

❸ 我们宿舍搬走了两个人。　　Wǒmen sùshè bānzǒule liǎng ge rén.

🔊 36 **3** ## 助動詞 **"会"**

助動詞**"会"**は「**"会"**＋動詞句」で、①「（習得して、技能的に）〜できる」、②「（可能性・蓋然性を表す）〜はずだ、〜だろう」という意味を表します。

❶ 我儿子会打高尔夫球。　Wǒ érzi huì dǎ gāo'ěrfūqiú.

❷ 他不会做菜。　　　　Tā bú huì zuòcài.

❸ 加油！你这么努力，一定会成功（的）。
　　Jiāyóu! Nǐ zhème nǔlì, yídìng huì chénggōng (de).

🔊 37 **4** ## 助動詞 **"能"**

助動詞**"能"**は「**"能"**＋動詞句」で「（条件や能力、体力的に）〜できる」という意味を表します。

❶ 饭店里每个房间都能上网。　Fàndiàn li měi ge fángjiān dōu néng shàngwǎng.

❷ 飞机起飞时不能用手机。　　Fēijī qǐfēi shí bù néng yòng shǒujī.

❸ 他会开车，可是他现在喝了酒不能开车。
　　Tā huì kāichē, kěshì tā xiànzài hēle jiǔ bù néng kāichē.

🔊38 ⑤ 仮定表現

"〜的话"、"如果〜的话"を使い、「もし〜ならば…」という仮定の意味を表します。

❶ 明天天气好的话，我想骑自行车到颐和园。
Míngtiān tiānqì hǎo dehuà, wǒ xiǎng qí zìxíngchē dào Yíhéyuán.

❷ 饭菜如果不合胃口的话，肠胃会不舒服的。
Fàncài rúguǒ bù hé wèikǒu dehuà, chángwèi huì bù shūfu de.

❸ 如果你今天有空的话，就一起逛街吧。
Rúguǒ nǐ jīntiān yǒu kòng dehuà, jiù yìqǐ guàngjiē ba.

🔊39 ⑥ 経験相

「動詞＋"过"」の語順で「〜したことがある」という経験を表します。否定形は動詞の前に"没(有)"を置きます。

❶ 他学过钢琴，不过现在不学了。
Tā xuéguo gāngqín, búguò xiànzài bù xué le.

❷ 他是南方人，从来没看过雪。　Tā shì nánfāngrén, cónglái méi kànguo xuě.

❸ 你坐过高铁没有？　Nǐ zuòguo gāotiě méiyou?

🔊40 ⑦ 持続表現

「動詞＋"着"」の語順で「〜している、〜てある」という動作結果の持続や方式などを表します。

❶ 他戴着眼镜。　Tā dàizhe yǎnjìng.

❷ 弟弟喜欢躺着玩儿游戏。　Dìdi xǐhuan tǎngzhe wánr yóuxì.

❸ 书架上摆着很多书。　Shūjià shang bǎizhe hěn duō shū.

補充単語 🔊41

院子 yuànzi 图 中庭　搬 bān 動 移動する、運ぶ　高尔夫球 gāo'ěrfūqiú 图 ゴルフ
加油 jiāyóu 動 頑張る　上网 shàngwǎng 動 インターネットに接続する　起飞 qǐfēi 動
離陸する　颐和园 Yíhéyuán 图 颐和園　饭菜 fàncài 图 食事、ごはんとおかず　合 hé
動 合う　胃口 wèikǒu 图 好み、嗜好　肠胃 chángwèi 图 胃腸　逛街 guàngjiē 動 街
をぶらつく　从来 cónglái 副 いままで　高铁 gāotiě 图 高速鉄道　戴 dài 動 (眼鏡を)
かける　书架 shūjià 图 本棚　摆 bǎi 動 並べる

練 習　Training

🔊 42　**1**　聞こえた中国語を簡体字で書き取りましょう。

❶ _____

❷ _____

❸ _____

2　次の（　　　）に適切な語句を入れましょう。

❶ 你跑（　　　　　）真快啊！

　　・あなたは走るのが本当にはやいですね。

❷ 他没去（　　　　　）中国。

　　・彼は中国に行ったことがありません。

❸ 教室里坐（　　　　　）两个学生。

　　・教室の中に2人の学生が座っています。

大学生が好きな夜食といえば…

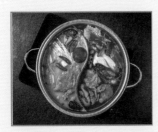

"火锅(huǒguō)"「火鍋」：「火鍋」は中国式の寄せ鍋。有名なチェーン店"海底捞(Hǎidǐlāo)"は大学生に人気です。

"烤串(kǎochuàn)"「串焼き」：お肉や海鮮などさまざまな食材が楽しめ夜食にもぴったりです。

"炸鸡(zhájī)"「鶏の唐揚げ」：韓国ドラマの影響で広まりました。中国人の好みに合わせて味は辛みが強めです。

3 次の語句を正しく並べかえて、日本語に訳しましょう。

❶ 他们 / 去 / 学校 / 着 / 走 / 。

中国語 _____

日本語 _____

❷ 她 / 的 / 会 / 高兴 / 很 / 一定 / 。

中国語 _____

日本語 _____

❸ 如果 / 想 / 可以 / 我 / 的话 / 看看 / 这本书 / , / ?

中国語 _____

日本語 _____

4 日本語に合うように中国語（簡体字）に訳しましょう。

❶ 前から自転車が1台やってきた。（自行车）

_____

❷ 私は車を運転できますが、運転するのはあまりうまくありません。（得）

_____

❸ 机の上にはなにが置いてありますか。（放）

_____

第一个期末季 🔊 43
Dì yī ge qīmòjì

林　夏：救命，数学怎么这么难，我真的学不会。

金　玢：你不要着急，慢慢儿来，不会的题可以问我。

中山健：我觉得比起数学，古代汉语才是我这辈子都学不明白

的东西。后天下午就要考试了，我感觉我要挂科了。

林　夏：那不至于，抓紧时间看看书，还是有救的。

金玢你没有考试需要准备吗？

金　玢：我已经考完了，虽然还剩几篇期末论文，

但不是特别着急。

中山健：我好羡慕你啊！我今年九门课都是闭卷考试结课，

往后三天还有六门考试。

林　夏：你的期末季也太"死亡"了吧！

加油，挺过这几天又是一条好汉！

中山健：大家一起加油！

新出单语 🔊 44

□ 期末季 qīmòjì 　名 期末試験期間
□ 救命 jiùmìng 　動 命を助ける
□ 怎么 zěnme 　代 どうして
□ 不要 búyào 　副 ～してはいけない
□ 着急 zháojí 　形 焦る、慌てる
□ 慢慢儿 mànmānr 　副 ゆっくりと
□ 题 tí 　名 問題
□ 觉得 juéde 　動 ～と思う
□ 古代汉语 gǔdài Hànyǔ 　名 古代漢語

□ 才 cái 　副 それこそ～だ
□ 这辈子 zhè bèizi 　この生涯、人生
□ 明白 míngbai 　動 わかる、理解する
□ 就要～了 jiùyào～le 　まもなく～する
□ 感觉 gǎnjué 　動 ～と考える
□ 挂科 guàkē 　動 単位を落とす
□ 不至于 búzhìyú 　そこまではいかない
□ 抓紧 zhuājǐn 　動 しっかりつかむ
□ 还是 háishi 　副 やはり

入学後はじめての学期末試験を迎えます。
中山くんは友人と喫茶店で一緒にテスト勉強をしています。

Lín Xià: Jiùmìng, shùxué zěnme zhème nán, wǒ zhēnde xuébuhuì.

Jīn Bīn: Nǐ búyào zháojí, mànmānr lái, bú huì de tí kěyǐ wèn wǒ.

Zhōngshān Jiàn: Wǒ juéde bǐqǐ shùxué, gǔdài Hànyǔ cái shì wǒ zhè bèizi dōu xuébumíngbai

de dōngxi. Hòutiān xiàwǔ jiùyào kǎoshì le, wǒ gǎnjué wǒ yào guàkē le.

Lín Xià: Nà búzhìyú, zhuājǐn shíjiān kànkan shū, háishi yǒujiù de.

Jīn Bīn nǐ méiyǒu kǎoshì xūyào zhǔnbèi ma?

Jīn Bīn: Wǒ yǐjīng kǎowán le, suīrán hái shèng jǐ piān qīmò lùnwén,

dàn bú shì tèbié zháojí.

Zhōngshān Jiàn: Wǒ hǎo xiànmù nǐ a! Wǒ jīnnián jiǔ mén kè dōu shì bìjuàn kǎoshì jié kè,

wǎnghòu sān tiān hái yǒu liù mén kǎoshì.

Lín Xià: Nǐ de qīmòjì yě tài "sǐwáng" le ba!

Jiāyóu, tǐngguò zhè jǐ tiān yòu shì yì tiáo hǎohàn!

Zhōngshān Jiàn: Dàjiā yìqǐ jiāyóu!

□ 有救 yǒujiù ［動］助かる
□ 需要 xūyào ［動］必要とする
□ 虽然 suīrán ［接］〜ではあるけれども
□ 剩 shèng ［動］残る
□ 期末论文 qīmò lùnwén ［名］期末レポート
□ 好 hǎo ［副］とても
□ 羡慕 xiànmù ［動］うらやむ
□ 闭卷考试 bìjuàn kǎoshì （教科書など）持ち込
　み不可の試験

□ 结课 jié kè 授業を修了する
□ 往后 wǎnghòu ［名］今後、これから
□ 死亡 sǐwáng ［動］つらい、きつい
□ 挺 tǐng ［動］こらえる、無理をして我慢する
□ 好汉 hǎohàn ［名］好漢、りっぱな男性

文法ポイント Point →

1 原因・理由をたずねる①

"**怎么** (zěnme)" は「なぜ、どうして」という意味を表す原因・理由をたずねる疑問詞で「話し手のいぶかる気持ち」を含んだ表現です。

❶ 五十块一个？怎么这么贵呀？　Wǔshí kuài yí ge? Zěnme zhème guì ya?

❷ 十二点了，你怎么还不睡觉呢？　Shí'èr diǎn le, nǐ zěnme hái bú shuìjiào ne?

❸ 你怎么会这样想呢？　Nǐ zěnme huì zhèyàng xiǎng ne?

2 可能補語

「動詞」と「結果補語・方向補語」の間に "**得** (de)" を置くと「〜できる」、"**不** (bu)" を置くと「〜できない」という意味を表します。

❶ 中国留学生说的汉语我都听得懂。
Zhōngguó liúxuéshēng shuō de Hànyǔ wǒ dōu tīngdedǒng.

❷ 这种化妆品销路很好，现在在药妆店买不到。
Zhè zhǒng huàzhuāngpǐn xiāolù hěn hǎo, xiànzài zài yàozhuāngdiàn mǎibudào.

❸ 他的车坐得下五个人吗？　Tā de chē zuòdexià wǔ ge rén ma?

3 禁止表現

副詞 "**不要**" は「"不要" ＋動詞句」で「〜してはいけない」という禁止の意味を表します。また、同様に副詞 "**别** (bié)" も「"别" ＋動詞句」で禁止を表します。

❶ 那不是我的意思。你不要误会！　Nà bú shì wǒ de yìsi. Nǐ búyào wùhuì!

❷ 你不要在大楼门口停车，车要停在停车场。
Nǐ búyào zài dàlóu ménkǒu tíngchē, chē yào tíngzài tíngchēchǎng.

❸ 你别生气了，都是我不好。　Nǐ bié shēngqì le, dōu shì wǒ bù hǎo.

補充単語 🔊 51

想 xiǎng　動 考える　　化妆品 huàzhuāngpǐn　名 化粧品　　销路 xiāolù　名 (商品の) 販路
药妆店 yàozhuāngdiàn　名 ドラッグストア　　误会 wùhuì　動 誤解する　　大楼 dàlóu　名
ビル　　停车 tíngchē　動 停車する　　生气 shēngqì　動 怒る

🔊 48 **4** 　**将然相**

"(快・就)要～了"で「まもなく～します」という意味になり、近い未来にある動作・行為が起こることを表します。

❶ 末班车要开了。快上车吧！　Mòbānchē yào kāi le. Kuài shàngchē ba!

❷ 咱们快要放假了。好开心！　Zánmen kuàiyào fàngjià le. Hǎo kāixīn!

❸ 小王下个月就要回北京了。　Xiǎo-Wáng xià ge yuè jiùyào huí Běijīng le.

🔊 49 **5** 　**強調の"还是"**

副詞"还是"は比較した結果をふまえて「やはり～である」と考えるに至ったことを表します。

❶ 我们还是找个地方休息一下吧。　Wǒmen háishi zhǎo ge dìfang xiūxi yíxià ba.

❷ 他今天不能来。我们还是明天再跟他联系吧。
　　Tā jīntiān bù néng lái. Wǒmen háishi míngtiān zài gēn tā liánxì ba.

❸ 咖啡还是热的好喝。　Kāfēi háishi rè de hǎohē.

🔊 50 **6** 　**"虽然～(可是・但是)…"**

接続詞**"虽然"**は「～ではあるけれども」という意味を表し、よく**"但是"**や**"可是"**などと呼応して逆接を表します。

❶ 虽然又困又累，但是我还要做作业。
　　Suīrán yòu kùn yòu lèi, dànshì wǒ hái yào zuò zuòyè.

❷ 她虽然年轻，但是经验很丰富。
　　Tā suīrán niánqīng, dànshì jīngyàn hěn fēngfù.

❸ 他虽然在日本住过两年，可是不太会说日语。
　　Tā suīrán zài Rìběn zhùguo liǎng nián, kěshì bú tài huì shuō Rìyǔ.

補充単語

末班车 mòbānchē ［名］終バス、終電　　联系 liánxì ［動］連絡する　　困 kùn ［形］眠い　　累 lèi ［形］疲れている　　年轻 niánqīng ［形］若い　　经验 jīngyàn ［名］経験　　丰富 fēngfù ［形］豊富である

第 **3** 课

33

52 **1** 聞こえた中国語を簡体字で書き取りましょう。

❶ _____

❷ _____

❸ _____

2 次の（　　）に適切な語句を入れましょう。

❶ 我找（　　　　）到笔了。

　　・ペンが見当たらなくなりました。

❷ 这个点心（　　　　）便宜，但是味道不错。

　　・このお菓子は安いが、味はよいです。

❸ 姜（　　　　）老的辣。

　　・ショウガはやはり古いものが辛い。（亀の甲より年の功）

大学生が好きな伝統的スポーツといえば…

"羽毛球(yǔmáoqiú)"「バドミントン」：人気も高く、キャンパス内にある専用施設はいつも予約でいっぱいです。

"乒乓球(pīngpāngqiú)"「卓球」：中国のお家芸です。多くの学生が小さい頃から触れてきた大人気のスポーツです。

"跑步(pǎobù)"「ジョギング」：道具も不要で気軽に取り組めるほか、大学で学期ごとの課題にもなっています。

3 次の語句を正しく並べかえて、日本語に訳しましょう。

❶ 他（不 / 车 / 怎么 / 买）？

中国語 _____

日本語 _____

❷ 有些题（我 / 懂 / 看 / 不）。

中国語 _____

日本語 _____

❸ 了 / 他们 / 结婚 / 就要 / 三月 / 。

中国語 _____

日本語 _____

4 日本語に合うように中国語（簡体字）に訳しましょう。

❶ 話をしないで。（別）

_____

❷ あなたは今日、帰ってくることができますか。（得）

_____

❸ 彼は日本人だが、中国語を話すのが上手です。（虽然）

_____

滑雪场一日游 🔊 53
huáxuěchǎng yírìyóu

林 夏：王浩和金玢考试一结束就回家，来不了也太可惜了。

中山健：没关系，今天我们俩先去体验一下，

下次再叫上他们一起也很好。

林 夏：那今天就麻烦你当我的私人教练啦。

中山健：荣幸之极！来，我们先在平地练习一下怎么一只

脚踩在雪板上前进。

林 夏：我真的很怕摔，你一定要扶着我啊。

中山健：你放心，肯定不让你摔。

要不我再给你借个大乌龟垫一垫，这样即使摔，

也不怕疼了。

林 夏：大乌龟好丑啊，我想要那边小姐姐怀里的大白熊，

那个比较好看。

中山健：好，你在这里稍等一下，我去前台帮你借一个大白熊，

垫上我们再开始练。

林 夏：没问题，谢谢教练！

 🔊 54

新出单語

□ 一日游 yírìyóu 名 日帰りツアー、ワンデーツアー

□ 一～就… yī~jiù… ～するとすぐに…

□ 可惜 kěxī 形 惜しい、残念だ

□ 俩 liǎ 数 2人

□ 先～再… xiān~zài… まず～して、それから…

□ 体验 tǐyàn 動 体験する

□ 私人 sīrén 名 プライベート

□ 荣幸之极 róngxìng zhī jí 光栄の極み

□ 平地 píngdì 名 平地

□ 踩 cǎi 動 踏みつける

□ 雪板 xuěbǎn 名 スキー板

□ 扶 fú 動 (倒れぬように)支える

期末試験が終わればもう冬休みです。中山さんは林さんとスキーを楽しみにきました。

Lín Xià: Wáng Hào hé Jīn Bīn kǎoshì yì jiéshù jiù huíjiā, láibuliǎo yě tài kěxī le.

Zhōngshān Jiàn: Méi guānxi, jīntiān wǒmen liǎ xiān qù tǐyàn yíxià,

xià cì zài jiàoshàng tāmen yìqǐ yě hěn hǎo.

Lín Xià: Nà jīntiān jiù máfan nǐ dāng wǒ de sīrén jiàoliàn la.

Zhōngshān Jiàn: Róngxìng zhī jí! Lái, wǒmen xiān zài píngdì liànxí yíxià zěnme yì zhī

jiǎo cǎizài xuěbǎn shang qiánjìn.

Lín Xià: Wǒ zhēnde hěn pà shuāi, nǐ yídìng yào fúzhe wǒ a.

Zhōngshān Jiàn: Nǐ fàngxīn, kěndìng bú ràng nǐ shuāi.

Yàobù wǒ zài gěi nǐ jiè ge dà wūguī diàn yi diàn, zhèyàng jíshǐ shuāi,

yě bú pà téng le.

Lín Xià: Dà wūguī hǎo chǒu a, wǒ xiǎng yào nàbiān xiǎo jiějie huáili de dà báixióng,

nàge bǐjiào hǎokàn.

Zhōngshān Jiàn: Hǎo, nǐ zài zhèli shāo děng yíxià, wǒ qù qiántái bāng nǐ jiè yí ge dà báixióng,

diànshàng wǒmen zài kāishǐ liàn.

Lín Xià: Méi wèntí, xièxie jiàoliàn!

□ 要不 yàobù 接 さもなくば
□ 乌龟 wūguī 名 カメ
□ 垫 diàn 動 （ものを）下に敷く
□ 即使〜也… jíshǐ 〜yě… 接 たとえ〜としても
□ 丑 chǒu 形 醜い、見苦しい
□ 怀 huái 名 ふところ、胸

□ 稍 shāo 副 少し
□ 前台 qiántái 名 フロント
□ 帮 bāng 動 助ける、手伝う

文法ポイント Point

55 **1** "一〜就…"

"**一〜就**…"は「〜するとすぐに…」という意味を表し、前後の動作・ことがらの発生する間が短いことを表現します。

❶ 我一看就明白了发生了什么事。　Wǒ yí kàn jiù míngbaile fāshēngle shénme shì.
❷ 爸爸一回家就睡觉了。　　　　　Bàba yì huíjiā jiù shuìjiào le.
❸ 他最近一有空就玩儿手机游戏。
　 Tā zuìjìn yì yǒu kòng jiù wánr shǒujī yóuxì.

56 **2** "先〜再…"

"**先〜再**…"は「まず〜して、それから…する」という意味で、動作の順番を表現します。"**先**"との組み合わせには"**再**"のほか、"**然后** (ránhòu)"なども使います。

❶ 咱们先吃午饭再去上课吧。　　　Zánmen xiān chī wǔfàn zài qù shàngkè ba.
❷ 需要先拨零再拨房间号码。　　　Xūyào xiān bō líng zài bō fángjiān hàomǎ.
❸ 他先去邮局，然后再去上班。　　Tā xiān qù yóujú, ránhòu zài qù shàngbān.

57 **3** 使役文

使役を表す動詞"**让** (ràng)、"**叫** (jiào)"、"**请** (qǐng)"などを「（命令者・依頼者）＋使役動詞＋実行者＋動詞句」の語順で使うと「〜が（人に）〜させる」という意味を表します。

❶ 我想让女儿学舞蹈。　　　　　　Wǒ xiǎng ràng nǚ'ér xué wǔdǎo.
❷ 我妈妈叫我爸爸少吃肉。　　　　Wǒ māma jiào wǒ bàba shǎo chī ròu.
❸ 我请你喝咖啡吧。　　　　　　　Wǒ qǐng nǐ hē kāfēi ba.

補充単語 ★ 61

拨 bō 　動　（ダイヤルを）回す

38

58 **4** **"要不～"**

"要不"は**"要不然 (yàobùrán)"**ともいい、「さもなくば～」という仮定の意味を表します。前の文に続き、「あるいは～」という別の選択肢を提示する表現にもなります。

❶ 快走，要不就赶不上飞机了。　　Kuài zǒu, yàobù jiù gǎnbushàng fēijī le.

❷ 穿上外套吧！要不出去会着凉的。
　 Chuānshàng wàitào ba! Yàobù chūqu huì zháoliáng de.

❸ 包饺子太麻烦了，要不然点外卖吧。
　 Bāo jiǎozi tài máfan le, yàobùrán diǎn wàimài ba.

59 **5** **"即使～也…"**

"即使～也…"は仮定や譲歩を表し、「たとえ～しても…」という意味を表します。

❶ 即使明天天气不好，我也要去看电影。
　 Jíshǐ míngtiān tiānqì bù hǎo, wǒ yě yào qù kàn diànyǐng.

❷ 即使工作不顺利，也不能轻易放弃。
　 Jíshǐ gōngzuò bú shùnlì, yě bù néng qīngyì fàngqì.

❸ 即使这次考试考得不好，你也不要灰心丧气。
　 Jíshǐ zhè cì kǎoshì kǎode bù hǎo, nǐ yě búyào huīxīn sàngqì.

60 **6** **"帮"**

"帮"は単独で「助ける、手伝う」という意味を表します。「**"帮"**＋人＋動詞句」の語順になると「(人)が～するのを手伝う（手伝って～する）」という意味を表します。

❶ 你能帮我拿一下行李吗？　　Nǐ néng bāng wǒ ná yíxià xíngli ma?

❷ 我帮你挑衣服吧。这件怎么样？　　Wǒ bāng nǐ tiāo yīfu ba. Zhè jiàn zěnmeyàng?

❸ 你能帮我翻译这个句子吗？　　Nǐ néng bāng wǒ fānyì zhège jùzi ma?

補充単語

赶不上 gǎnbushàng 間に合わない　　外套 wàitào 名 オーバー　　着凉 zháoliáng 動 風邪を引く　　点 diǎn 動 指定して注文する　　外卖 wàimài 名 出前、テイクアウトの料理　　轻易 qīngyì 副 安易に　　放弃 fàngqì 動 放棄する、断念する　　灰心丧气 huīxīn sàngqì 意気消沈する　　挑 tiāo 動 選ぶ　　翻译 fānyì 動 翻訳する　　句子 jùzi 名 文、センテンス

第 **4** 课

🔊 62 **1** 聞こえた中国語を簡体字で書き取りましょう。

❶ _____

❷ _____

❸ _____

2 次の（　　）に適切な語句を入れましょう。

❶ 你先跟他联系吧，（　　　　）他一定会担心的。

　・まず彼に連絡しなさい。さもないと彼がきっと心配するはずです。

❷ 我（　　　　）你买机票。

　・あなたが航空券を買うのを手伝います。

❸ 我（　　　　）去上海，然后去北京。

　・まず上海に行ってから、北京に行きます。

大学生が好きな新スポーツといえば…

"飞盘（fēipán）"「フライングディスク」：ここ数年、その手軽さと「ディスク」を通して社交の輪が広げられると大学生の間で人気となっています。

"棒垒球（bànglěiqiú）"「野球・ソフトボール」：人気は中国国内全体でまだまだですが、大学レベルでは日米韓の学生間交流などを介したことで次第に普及しています。

3 次の語句を正しく並べかえて、日本語に訳しましょう。

❶ 下课 / 去打工 / 就 / 一 / 。

中国語 _____

日本語 _____

❷ 让 / 我 / 一下 / 确认 / 吧 / 。

中国語 _____

日本語 _____

❸ 再 / 先 / 坐下 / 说 / 吧 / 我们 / 。

中国語 _____

日本語 _____

4 日本語に合うように中国語（簡体字）に訳しましょう。

❶ 父は私に車を運転させてくれません。（让）

_____

❷ 写真を撮るのを手伝ってくれますか。（拍照） *拍照 pāizhào 写真を撮る

_____

❸ たとえお金があっても、私は株を買いたくありません。（股票） *股票 gǔpiào 株

_____

百团大战 63
Bǎituán dàzhàn

王　浩：这周六学校就要举办百团大战了，大家看到推送了吗？

林　夏：看到啦，今年也在大讲堂广场那边举行，

　　　　每年都有几十家社团参加招新呢。

王　浩：是啊，告诉你们一个诀窍，百团大战一定要带个包，

　　　　空腹过去哦。

中山健：哎？这是为什么呢？

王　浩：这你们就不知道了吧。

　　　　很多社团都会让观众参与小游戏赢取奖品，

　　　　而且走过路过还会给你发小零食，走完一圈就吃饱了。

林　夏：还有这种好事！

王　浩：没错，我去年就在西北研究发展协会领到了

　　　　新疆特色胡萝卜汁，还在隔壁台湾社团吃到了

　　　　超级好吃的蛋黄酥。

中山健：这么一说我更期待周六的百团大战了。

　　　　林夏，周六我们一起去逛一逛吧！

 64

新出单語

□ 百团大战 Bǎituán dàzhàn
　　百団大戦（サークル等の新勧イベント）
□ 举办 jǔbàn 　動 行う、開催する
□ 推送 tuīsòng 　名 （スマホなどの）プッシュ通知
□ 讲堂 jiǎngtáng 　名 教室、講堂
□ 举行 jǔxíng 　動 行う
□ 社团 shètuán 　名 団体、サークル

□ 招新 zhāoxīn 　名 新勧
□ 诀窍 juéqiào 　名 秘訣、奥の手
□ 空腹 kōngfù 　動 空腹にする、空腹になる
□ 观众 guānzhòng 　名 観衆、観客
□ 参与 cānyù 　動 参与する、参加する
□ 赢取 yíngqǔ 　動 勝ち取る
□ 而且 érqiě 　接 そのうえ、しかも

Wáng Hào: Zhè zhōuliù xuéxiào jiùyào jǔbàn Bǎituán dàzhàn le, dàjiā kàndào tuīsòng le ma?

Lín Xià: Kàndào la, jīnnián yě zài dàjiǎngtáng guǎngchǎng nàbiān jǔxíng,

měi nián dōu yǒu jǐ shí jiā shètuán cānjiā zhāoxīn ne.

Wáng Hào: Shì a, gàosu nǐmen yí ge juéqiào, Bǎituán dàzhàn yídìng yào dài ge bāo,

kōngfù guòqu o.

Zhōngshān Jiàn: Āi? Zhè shì wèi shénme ne?

Wáng Hào: Zhè nǐmen jiù bù zhīdào le ba.

Hěn duō shètuán dōu huì ràng guānzhòng cānyù xiǎoyóuxì yíngqǔ jiǎngpǐn,

érqiě zǒuguò lùguò hái huì gěi nǐ fā xiǎolíngshí, zǒuwán yì quān jiù chībǎo le.

Lín Xià: Hái yǒu zhè zhǒng hǎoshì!

Wáng Hào: Méi cuò, wǒ qùnián jiù zài Xīběi yánjiū fāzhǎn xiéhuì lǐngdàole

Xīnjiāng tèsè húluóbozhī, hái zài gébì Táiwān shètuán chīdàole

chāojí hǎochī de dànhuángsū.

Zhōngshān Jiàn: Zhème yì shuō wǒ gèng qīdài zhōuliù de Bǎituán dàzhàn le.

Lín Xià, zhōuliù wǒmen yìqǐ qù guàng yi guàng ba!

□ 路过 lùguò 動 通過する
□ 发 fā 動 送る、配る
□ 零食 língshí 名 間食、おやつ
□ 一圈 yì quān 量 一回り、一周
□ 领 lǐng 動 受け取る
□ 胡萝卜 húluóbo 名 ニンジン
□ 隔壁 gébì 名 隣

□ 蛋黄酥 dànhuángsū
　名 卵黄の塩漬けを包んだパイ菓子
□ 这么一说 zhème yì shuō （前の文を受けて）
　そうすると、ということは
□ 期待 qīdài 動 期待する、待ち望む

文法ポイント Point

65 1 **"每～都…"**

「"每"～"都"…」は「どの～もみな…だ」という意味を表し、「例外なくすべて」というニュアンスを強調する表現です。

❶ 小王拍的每张照片都很好看。
Xiǎo-Wáng pāi de měi zhāng zhàopiàn dōu hěn hǎokàn.

❷ 他每个月都要花五百块钱买书。
Tā měi ge yuè dōu yào huā wǔbǎi kuài qián mǎi shū.

❸ 她每次运动都超过一个小时。　Tā měi cì yùndòng dōu chāoguò yí ge xiǎoshí.

66 2 **二重目的語をとる動詞**

主に授受関係を表す動詞には2つの目的語をもつことができるものがあります。この場合、「主語＋二重目的語をとる動詞＋目的語①（人）＋目的語②（事物）」の語順で「～は（だれだれ）に（なになに）を…する（してあげる）」という意味を表します。

❶ 赵老师教我们会话课。　Zhào lǎoshī jiāo wǒmen huìhuà kè.

❷ 他提前两天送了我生日礼物。　Tā tíqián liǎng tiān sòngle wǒ shēngrì lǐwù.

❸ 收你一百块，找你十六块。　Shōu nǐ yìbǎi kuài, zhǎo nǐ shíliù kuài.

67 3 **原因・理由をたずねる②**

"为什么 (wèi shénme)"は原因・理由をたずねる疑問の表現で、単独で使うこともできます。また、この質問にはよく"因为 (yīnwèi)～"を使い、「～だから」と回答します。

❶ 你为什么一定要走呢？我们还是等他回来再走吧。
Nǐ wèi shénme yídìng yào zǒu ne? Wǒmen háishi děng tā huílai zài zǒu ba.

❷ 你为什么没跟他联系呢？　Nǐ wèi shénme méi gēn tā liánxì ne?
　　——因为前几天我跟他吵架了。　——Yīnwèi qián jǐ tiān wǒ gēn tā chǎojià le.

❸ 他为什么不参加晚会？　Tā wèi shénme bù cānjiā wǎnhuì?
　　——因为他今晚有点儿事情。　——Yīnwèi tā jīnwǎn yǒu diǎnr shìqing.

68 **4** "而且"

接続詞 **"而且"** は「そのうえ、かつ」という意味を表し、前述の内容をふまえ、後ろの文でさらに情報を追加するときに使う表現です。

❶ 小明会弹钢琴，而且弹得非常好。
Xiǎo-Míng huì tán gāngqín, érqiě tánde fēicháng hǎo.

❷ 他喜欢上网聊天，而且一聊就两三个小时。
Tā xǐhuan shàngwǎng liáotiān, érqiě yì liáo jiù liǎng sān ge xiǎoshí.

69 **5** "更"

副詞 **"更"** は「さらに、もっと～である」という意味を表し、ある事物と比べて程度がより高いことを表します。

❶ 到了中午，外面就更热了。
Dàole zhōngwǔ, wàimiàn jiù gèng rè le.

❷ 这个商场平时人这么多，周末更不用说了。
Zhège shāngchǎng píngshí rén zhème duō, zhōumò gèng búyòng shuō le.

❸ 这家店的菜虽然好吃，但是自己做的更好吃。
Zhè jiā diàn de cài suīrán hǎochī, dànshì zìjǐ zuò de gèng hǎochī.

補充単語 🍭⭐ 70

超过 chāoguò 動 超える　　提前 tíqián 動 (期限を)繰り上げる　　收 shōu 動 徴収する、預かる　　找 zhǎo 動 つり銭を出す　　吵架 chǎojià 動 口論する　　晚会 wǎnhuì 名 (夕方以降に開催する)パーティー　　环境 huánjìng 名 環境　　师范大学 shīfàn dàxué 師範大学　　搬家 bānjiā 動 引っ越しをする　　商场 shāngchǎng 名 マーケット

練 習 Training →

🔊 71 **1** 聞こえた中国語を簡体字で書き取りましょう。

❶ _____

❷ _____

❸ _____

2 次の（　　）に適切な語句を入れましょう。

❶ 坐地铁很方便，（　　　　）很便宜。

・地下鉄は便利で、そのうえ安いです。

❷ 他要去中国了。──（　　　　）他真的要去留学了？

・彼はもう中国に行きます。──ということは、彼は本当に留学に行くのですか。

❸ 这个菜辣，可是那个菜（　　　　）辣。

・この料理は辛いですが、それはもっと辛いです。

大学生が好きなミルクティーのお店は…

"蜜雪冰城 (Mìxuě bīngchéng)"：フルーツティーが メインのショップ「蜜雪冰城」はコスパも最高（1 杯4元から）で、看板商品の「アイスレモンウォー ター（**冰鲜柠檬水** "Bīngxiān níngméngshuǐ"）」が特 に大人気です。

"喜茶 (Xǐchá)"：高級ミルクティーの代表店！厳 選された素材にこだわるほか、季節ごとの商品な どにも力を入れています。価格帯は1杯20元～40 元とやや高めですがリッチな気分が味わえると大 学生にも好評です。

46

3 次の語句を正しく並べかえて、日本語に訳しましょう。

❶ 一台 / 有 / 每 / 人 / 电脑 / 都 / 个 / 。

中国語 _____

日本語 _____

❷ 吗 / 可以 / 我 / 告诉 / 你 / 手机号吗 / ?

中国語 _____

日本語 _____

❸ 还 / 找 / 我 / 钱 / 没 / 他 / 。

中国語 _____

日本語 _____

4 日本語に合うように中国語（簡体字）に訳しましょう。

❶ あなたは誰に日本語を教えるのですか。（教）

_____

❷ あなたはなぜ買わないのですか。——高すぎるからです。（为什么、因为）

_____

❸ 今週、私はさらに忙しくなりました。（更）

_____

社团活动 🔊 72
Shètuán huódòng

金 玢：我之前加入了攀岩社，经过几次训练之后，

今天我终于登上岩壁顶端啦。

中山健：看来你的努力都没有白费，恭喜你！

金 玢：哎，你不是为了学街舞进了街舞社吗？

怎么样，学得开心吗？

中山健：社团的老师们都教得特别认真，才学了三周，

我就会跳"PICK ME"了。

金 玢：是韩国综艺《Produce 101》里面的那一首吗？

中山健：没错，就是那个。

除了日常教学以外学期末社团还会组织专场

演出，到时候欢迎你们过来看。

金 玢：只要你上台，我就一定会去捧场。

 🔊 73

新出単語

□ 之前 zhīqián 名 以前
□ 攀岩社 pānyánshè ロッククライミングサークル
□ 经过 jīngguò 動 経る、通す
□ 训练 xùnliàn 動 訓練する
□ 之后 zhīhòu 名 その後、のちに

□ 顶端 dǐngduān 名 トップ
□ 白费 báifèi 動 むだに使う
□ 恭喜 gōngxǐ 動 おめでとう
□ 为了 wèile 前 ～のために
□ 街舞社 jiēwǔshè ストリートダンスサークル

自分が入ったサークルの活動について、2人で話をしています。

Jīn Bīn: Wǒ zhīqián jiārùle pānyánshè, jīngguò jǐ cì xùnliàn zhīhòu,

jīntiān wǒ zhōngyú dēngshàng yánbì dǐngduān la.

Zhōngshān Jiàn: Kànlái nǐ de nǔlì dōu méiyǒu báifèi, gōngxǐ nǐ!

Jīn Bīn: Āi, nǐ bú shì wèile xué jiēwǔ jìnle jiēwǔshè ma?

zěnmeyàng, xuéde kāixīn ma?

Zhōngshān Jiàn: Shètuán de lǎoshīmen dōu jiāode tèbié rènzhēn, cái xuéle sān zhōu,

wǒ jiù huì tiào "PICK ME" le.

Jīn Bīn: Shì Hánguó zōngyì《Produce 101》lǐmiàn de nà yì shǒu ma?

Zhōngshān Jiàn: Méi cuò, jiù shì nàge.

chúle rìcháng jiàoxué yǐwài xuéqīmò shètuán hái huì zǔzhī zhuānchǎng

yǎnchū, dàoshíhou huānyíng nǐmen guòlai kàn.

Jīn Bīn: Zhǐyào nǐ shàngtái, wǒ jiù yídìng huì qù pěngchǎng.

□ 综艺 zōngyì 〔名〕バラエティ（番組）
□ 只要～就… zhǐyào～jiù… 〔接〕～さえすれば…
□ 上台 shàngtái 〔動〕舞台に出る
□ 捧场 pěngchǎng 〔動〕他人を加勢して盛り上げる

74 ① "看来"

"看来"はある状況や様子などから「見たところ～である、～かもしれない」というような推測を表します。

❶ 看来他今天不会来了。 Kànlái tā jīntiān bú huì lái le.

❷ 看来车已经修好了。 Kànlái chē yǐjīng xiūhǎo le.

❸ 她突然不说话了，看来是生气了。 Tā tūrán bù shuōhuà le, kànlái shì shēngqì le.

75 ② "白" ＋ 動詞

副詞 "白" は「いたずらに、むだに」という意味を表し、「"白"＋動詞」で「むだに～する」のように予想した効果や目的に至らないニュアンスを表します。

❶ 超市今天不营业，白跑了一趟。
Chāoshì jīntiān bù yíngyè, bái pǎole yí tàng.

❷ 洗完车就下雨了，白洗了一遍。 Xǐwán chē jiù xiàyǔ le, bái xǐle yí biàn.

76 ③ "不是～吗"

"不是～吗"は「～じゃないですか」という意味で、反語のかたちで文を強調する表現です。

❶ 你不是说喜欢吃寿司吗？为什么不多吃一点儿呢？
Nǐ bú shì shuō xǐhuan chī shòusī ma? Wèi shénme bù duō chī yìdiǎnr ne?

❷ 考试范围，老师不是已经讲过了吗？你没记下来吗？
Kǎoshì fànwéi, lǎoshī bú shì yǐjīng jiǎngguò le ma? Nǐ méi jìxiàlai ma?

❸ 天气预报不是说今天是晴天吗？怎么下雨了呢？
Tiānqì yùbào bú shì shuō jīntiān shì qíngtiān ma? Zěnme xiàyǔ le ne?

77 ④ 目的を表す "为了"

前置詞 "为了" は「～のために」という意味で、その後に置く目的を表します。

❶ 为了学好汉语，我每天都会坚持背诵课文。
Wèile xuéhǎo Hànyǔ, wǒ měi tiān dōu huì jiānchí bèisòng kèwén.

❷ 大家为了自己的目标必须要好好儿努力。
Dàjiā wèile zìjǐ de mùbiāo bìxū yào hǎohāor nǔlì.

❸ 为了身体健康，要养成好的生活习惯。
Wèile shēntǐ jiànkāng, yào yǎngchéng hǎo de shēnghuó xíguàn.

78 ⑤ 副詞 "才"

副詞 "才" は①数量や時間的な少なさを表して「わずか、ただ～だけ」、②話し手がその動作の実現に手間がかかり「やっと、ようやく」というような意味を表します。

❶ 你坐过几次飞机？　　　　　　Nǐ zuòguo jǐ cì fēijī?
　　——我才坐过一次呢。　　　　——Wǒ cái zuòguo yí cì ne.

❷ 我儿子才三岁就会说英语了。　Wǒ érzi cái sān suì jiù huì shuō Yīngyǔ le.

❸ 我在车站等了一个小时，他才来。　Wǒ zài chēzhàn děngle yí ge xiǎoshí, tā cái lái.

79 ⑥ "除了～以外"

前置詞 "除了" は "除了～以外" の組み合わせでよく使われ、「～のほかに、～を除いて」などの意味を表します。

❶ 你们除了故宫以外，还去了哪些地方呢？
Nǐmen chúle Gùgōng yǐwài, hái qùle nǎxiē dìfang ne?

❷ 他除了喜欢打棒球以外，还喜欢踢足球。
Tā chúle xǐhuan dǎ bàngqiú yǐwài, hái xǐhuan tī zúqiú.

80 ⑦ "只要～就…"

"只要～就…" で必要条件のもとで成立する「～さえすれば…である」という意味を表します。

❶ 只要多休息，感冒很快就会好的。Zhǐyào duō xiūxi, gǎnmào hěn kuài jiù huì hǎo de.

❷ 只要一有时间，我就去国外旅游。Zhǐyào yì yǒu shíjiān, wǒ jiù qù guówài lǚyóu.

❸ 只要你多跟中国人交流，就能提高会话能力。
Zhǐyào nǐ duō gēn Zhōngguórén jiāoliú, jiù néng tígāo huìhuà nénglì.

補充単語 81

修 xiū 〔動〕 修理する　　営业 yíngyè 〔動〕 営業する　　范围 fànwéi 〔名〕 範囲　　记下来 jìxiàlai　メモを取って書き残す　　天气预报 tiānqì yùbào 〔名〕 天気予報　　坚持 jiānchí 〔動〕 頑張って続ける、持ちこたえる　背诵 bèisòng 〔動〕 暗唱する　目标 mùbiāo 〔名〕 目標　好好儿 hǎohāor 〔副〕 よく、ちゃんと　养 yǎng 〔動〕 養う、育てる　提高 tígāo 〔動〕 引き上げる、向上させる

練 習 Training

◀)) 82 **1** 聞こえた中国語を簡体字で書き取りましょう。

❶ _____

❷ _____

❸ _____

2 次の（　）に適切な語句を入れましょう。

❶ 他睡到中午（　　　　）起床。

　・彼は昼まで寝てようやく起きました。

❷ 考试没通过，（　　　　）交了报名费。

　・試験に合格できず、受験料を無駄にしてしまった。

❸ 我参加志愿活动不是（　　　　）名誉，而是（　　　　）贡献社会。

　・私がボランティアに参加するのは名誉のためではなく、社会に貢献するためです。

大学生はどのような旅をするのか…

"**自驾游**（zìjiàyóu）"「ドライブ旅行」：車が運転できる仲間とともにレンタルカーを借りて旅に出ます。気ままな旅は自由を愛する学生たちに人気です。

"**徒步旅行**（túbù lǚxíng）"「徒歩旅行」：旅行用バッグと軽装で出かけ、自然の美しさなどを満喫しながら旅します。「自分探し」にもぴったりです。

3 次の語句を正しく並べかえて、日本語に訳しましょう。

❶ 除了 / 去 / 我 / 上海 / 北京 / 还 / 要 / 以外 / , / 。

中国語 _____

日本語 _____

❷ 你（ 见见 / 不是 / 他们 / 说 / 想 ）吗?

中国語 _____

日本語 _____

❸ 一趟 / 我 / 跑 / 了 / 又 / 白 / 。

中国語 _____

日本語 _____

4 日本語に合うように中国語（簡体字）に訳しましょう。

❶ あなたは中国人ではないのですか。（吗）

_____

❷ 日本語をマスターするために、彼は日本に留学しに来ました。（学好）

_____

❸ 彼は時間がありさえすれば映画を見に行きます。（只要〜就…）

_____

春游 🔊 83
Chūnyóu

林　夏： 天气回暖，路边的花都开了。
　　　　我们这周末要不要去春游赏花呢？

中山健： 好主意！前几天，我在小红书看到过北京赏花
　　　　游玩推荐榜单，里面提到玉渊潭的花开得很好。

金　玢： 玉渊潭我已经去过了，不是外地游客打卡拍照的，
　　　　就是家长出来带孩子玩的，简直是人山人海，
　　　　不推荐大家去。

林　夏： 确实，其实去故宫赏花也很好，
　　　　但故宫的票早已经卖光了。

中山健： 那还有什么适合慢慢悠悠赏花，野餐的地方吗？

金　玢： 王浩学长说，奥林匹克森林公园很适合野餐，
　　　　或许可以考虑一下那里？

林　夏： 奥森确实不错，不但可以赏花，
　　　　而且还可以划船看日落，最适合我们了。

中山健： 那咱们这周末就去奥森，我负责买零食，我们先野餐，
　　　　然后在日落时分去划船。

林　夏： 完美！

 🔊 84

新出单語

□ 回暖 huínuǎn　动 暖かさを取り戻す
□ 春游 chūnyóu　动 春のピクニック、遠足に出かける
□ 赏花 shǎnghuā　动 花見をする
□ 主意 zhǔyi　名 考え
□ 小红书 Xiǎohóngshū　中国のSNS名
□ 推荐 tuījiàn　动 おすすめする
□ 榜单 bǎngdān　名 ランキングリスト

□ 不是～就是… bú shì ～jiù shì…
　　～でなければ　…である
□ 外地 wàidì　名 地元以外、地方
□ 打卡 dǎkǎ　动 インスタ映えする
□ 家长 jiāzhǎng　名 父母、保護者
□ 简直 jiǎnzhí　副 まるで、まったく
□ 人山人海 rén shān rén hǎi　成 黒山のひとだかり

北京は暖かな春を迎えました。林さんは友人と週末のピクニックを計画しています。

Lín Xià: Tiānqì huínuǎn, lùbiān de huā dōu kāi le.

Wǒmen zhè zhōumò yào bu yào qù chūnyóu shǎnghuā ne?

Zhōngshān Jiàn: Hǎo zhǔyi! Qián jǐ tiān, wǒ zài Xiǎohóngshū kàndàoguo Běijīng shǎnghuā

yóuwán tuījiàn bǎngdān, lǐmiàn tídào Yùyuāntán de huā kāide hěn hǎo.

Jīn Bīn: Yùyuāntán wǒ yǐjīng qùguo le, bú shì wàidì yóukè dǎkǎ pāizhào de,

jiù shì jiāzhǎng chūlai dài háizi wán de, jiǎnzhí shì rén shān rén hǎi,

bù tuījiàn dàjiā qù.

Lín Xià: Quèshí, qíshí qù Gùgōng shǎnghuā yě hěn hǎo,

dàn Gùgōng de piào zǎo yǐjīng màiguāng le.

Zhōngshān Jiàn: Nà hái yǒu shénme shìhé mànmànyōuyōu shǎnghuā, yěcān de dìfang ma?

Jīn Bīn: Wáng Hào xuézhǎng shuō, Àolínpǐkè sēnlín gōngyuán hěn shìhé yěcān,

huòxǔ kěyǐ kǎolǜ yíxià nàli?

Lín Xià: Àosēn quèshí búcuò, búdàn kěyǐ shǎnghuā,

érqiě hái kěyǐ huáchuán kàn rìluò, zuì shìhé wǒmen le.

Zhōngshān Jiàn: Nà zánmen zhè zhōumò jiù qù Àosēn, wǒ fùzé mǎi língshí, wǒmen xiān yěcān,

ránhòu zài rìluò shífēn qù huáchuán.

Lín Xià: Wánměi!

□ 确实 quèshí 副 確かに
□ 其实 qíshí 副 実は
□ 适合 shìhé 動 ぴったり合う、適する
□ 慢慢悠悠 mànmànyōuyōu ゆったりと落ち着いて
□ 野餐 yěcān 名 ピクニック
□ 或许 huòxǔ 副 あるいは、ひょっとしたら

□ 不但～而且… búdàn～érqiě…
　接 ～ばかりでなく、しかも…
□ 划船 huáchuán 動 ボートをこぐ
□ 日落 rìluò 動 日が沈む
□ 负责 fùzé 動 責任を負う
□ 时分 shífēn 名 時分、ころ
□ 完美 wánměi 形 完璧である

85 **1** **"不是～就是…"**

"不是～就是…"のかたちで「～でなければ…である（～か、…かのどちらかである）」という二者択一を表現します。

❶ 这几天不是下雨，就是刮风。 Zhè jǐ tiān bú shì xiàyǔ, jiù shì guāfēng.

❷ 周末他不是在打工，就是帮妈妈做家务。
Zhōumò tā bú shì zài dǎgōng, jiù shì bāng māma zuò jiāwù.

❸ 木村老师平时不是在写论文，就是在看论文。
Mùcūn lǎoshī píngshí bú shì zài xiě lùnwén, jiù shì zài kàn lùnwén.

86 **2** **副詞 "简直"**

副詞 **"简直"** は「まったく～である」という意味で、後ろに置かれる文がまさにそうであると強調するニュアンスを表します。

❶ 西湖简直太美了！ Xīhú jiǎnzhí tài měi le!

❷ 你变化太大了，我简直认不出来了。
Nǐ biànhuà tài dà le, wǒ jiǎnzhí rènbuchūlai le.

❸ 这里的蛋糕做得非常精致，简直就像艺术品。
Zhèli de dàngāo zuòde fēicháng jīngzhì, jiǎnzhí jiù xiàng yìshùpǐn.

87 **3** **副詞 "其实"**

副詞 **"其实"** は前の内容を受けて「実は～」と説明を補ったり、前の内容とは違う事実を述べる「実際には～」という意味で使います。

❶ 关于去北海道的事情，其实我还没想好。
Guānyú qù Běihǎidào de shìqing, qíshí wǒ hái méi xiǎnghǎo.

❷ 这个包看上去很贵，其实并不贵。
Zhège bāo kànshàngqu hěn guì, qíshí bìng bú guì.

❸ 其实我不大想看这部电影，换一部怎么样？
Qíshí wǒ búdà xiǎng kàn zhè bù diànyǐng, huàn yí bù zěnmeyàng?

補充単語 🍭★ 91

家务 jiāwù 名家事　　平时 píngshí 名ふだん　　认不出来 rènbuchūlai 見分けがつかない
精致 jīngzhì 形巧みである、手が込んでいる　　艺术品 yìshùpǐn 名芸術品　　关于 guānyú
前 ～に関して　　看上去 kànshàngqu 見たところ　　并 bìng 副決して、べつに　　不大
búdà 副あまり～でない

88 4 動詞＋"光"

形容詞"光"は「何もない、何も残っていない」という意味で、「動詞＋"光"」のかたちで「その動作の結果、何も残っていない」という補語としてよく使われます。

❶ 这个月的零花钱花光了。　　Zhège yuè de línghuāqián huāguāng le.
❷ 山路不好走，汽油快要用光了。　Shānlù bù hǎo zǒu, qìyóu kuàiyào yòngguāng le.
❸ 他打开瓶盖*，一口气*喝光了。　Tā dǎkāi pínggài, yìkǒuqì hēguāng le.

＊瓶盖 ビンのふた　＊一口气 一気に

89 5 疑問詞の不定用法

中国語の疑問詞は文によっては「何か、どこか、いくつか」というように何を指すかが定まらない不定の事柄を表すことがあります。

❶ 你对这个计划有什么建议吗？ Nǐ duì zhège jìhuà yǒu shénme jiànyì ma?
❷ 如果你有时间的话，咱们现在去哪儿玩儿吧？
　　Rúguǒ nǐ yǒu shíjiān dehuà, zánmen xiànzài qù nǎr wánr ba?
❸ 餐厅里好像只有几个客人，应该还有座位吧。
　　Cāntīng li hǎoxiàng zhǐ yǒu jǐ ge kèrén, yīnggāi hái yǒu zuòwèi ba.

90 6 "不但～而且…"

接続詞"不但～而且…"は「～ばかりでなく、しかも（そのうえ）…である」という意味で、後の文で内容を補足したり、さらに程度が強まる内容を提示する表現です。

❶ 他不但会说汉语，而且也会说英语。
　　Tā búdàn huì shuō Hànyǔ, érqiě yě huì shuō Yīngyǔ.
❷ 这个公寓不但便宜，而且离车站很近。
　　Zhège gōngyù búdàn piányi, érqiě lí chēzhàn hěn jìn.
❸ 他不但唱歌唱得很好，而且跳舞跳得也很棒！
　　Tā búdàn chànggē chàngde hěn hǎo, érqiě tiàowǔ tiàode yě hěn bàng!

補充単語

零花钱 línghuāqián 名 お小遣い　　山路 shānlù 名 山道　　汽油 qìyóu 名 ガソリン
计划 jìhuà 名 計画　　建议 jiànyì 名 提案　　好像 hǎoxiàng 動 まるで～みたいだ、～のような気がする　　应该 yīnggāi 助動 ～のはずである　　公寓 gōngyù 名 マンション

🔊 92 **1** 聞こえた中国語を簡体字で書き取りましょう。

❶ _____

❷ _____

❸ _____

2 次の（　　）に適切な語句を入れましょう。

❶ 你再拿（　　　　　）吧！

・あといくつか持っていってください。

❷ 这儿的风景真美，（　　　　　）像绘画一样！

・ここの景色は美しく、本当に絵画のようです。

❸ 大家以为我每天都很忙，（　　　　　）我不太忙。

・みな私が毎日忙しいと思っているが、実際のところそれほど忙しくはない。

大学生は週末に何をするのが好きか…

"看一场脱口秀表演(kàn yì chǎng tuōkǒuxiù biǎoyǎn)"
「トークライブ観覧」：スタンダップコメディのトークライブ観覧はストレスの発散ができると大学生のコアなライブファンが急増しています。李诞(Lǐ Dàn),
周奇墨(Zhōu Qímò)などが人気の演者です。

"看展览(kàn zhǎnlǎn)"「展覧会を見る」：国内外の著名な芸術家の作品展や写真家の個展、風変わりなテーマを扱う個展などに触れることで日常を離れ、心の栄養を補うことができます。

3 次の語句を正しく並べかえて、日本語に訳しましょう。

❶ 我（ 都 / 的 / 买 / 点心 / 光 / 吃 ）了。

中国語 _____

日本語 _____

❷ 李老师 / 在 / 就是 / 不是 / 教室 / 体育馆 / 在 / , / 。

中国語 _____

日本語 _____

❸ 她 / 还 / 打 / 而且 / 会 / 棒球 / 不但 / 足球 / 会 / 踢 / , / 。

中国語 _____

日本語 _____

4 日本語に合うように中国語（簡体字）に訳しましょう。

❶ あなたは何か飲みますか。（吗）

_____

❷ この携帯電話は王さんのでなければ、張さんのだ。（小王、小张）

_____

❸ 彼は京都に行ったことがあるばかりか、(そのうえ)何度も行ったことがあります。（好几次）

_____

有趣的体育课 🔊93

Yǒuqù de tǐyù kè

金　玢：我今天好累。

中山健：你是刚上完体育课回来吗？

金　玢：是啊，今天我们"拓展训练"课爬天梯。

因为每个木梯之间的间隔很大，所以需要两人

互相配合攀爬，给你看照片。

中山健：好酷啊，你们竟然是互相踩上去的，真不容易。

金　玢：是啊，爬到顶峰很累，不过还是很有成就感的。

你今天是不是也去上体育课了？

中山健：对，我们击剑课今天学如何发动进攻，大家戴着头盔，

拿着剑。可有意思了。

金　玢：听说你们老师大有来头？

中山健：是啊，我们击剑老师可是奥运冠军呢。

有时老师还会一边放她过往的比赛视频，

一边给我们讲解技术动作，收获满满！

金　玢：我太羡慕你了，下个学期我也要选击剑课。

  🔊94

新出単語

□ 拓展训练 tuòzhǎn xùnliàn　ビルドアップエクササイズ

□ 爬 pá 動 よじ登る

□ 天梯 tiāntī 名 高い建物・設備に取り付けたはしご

□ 木梯 mùtī 名 木製はしご

□ 配合 pèihé 動 力を合わせる

□ 攀爬 pānpá 動 よじ登る

□ 竟然 jìngrán 副 意外にも

□ 顶峰 dǐngfēng 名 最上部、最高峰

□ 成就感 chéngjiùgǎn 名 達成感

□ 击剑 jījiàn 名 フェンシング

□ 如何 rúhé 疑 どのように

□ 发动 fādòng 動 始動する、始める

□ 进攻 jìngōng 動 攻勢に出る

□ 剑 jiàn 名 剣

スポーツの授業は多様な種目が選択できとても人気です。

Jīn Bīn: Wǒ jīntiān hǎo lèi.

Zhōngshān Jiàn: Nǐ shì gāng shàngwán tǐyù kè huílai ma?

Jīn Bīn: Shì a, jīntiān wǒmen "tuòzhǎn xùnliàn" kè pá tiāntī.

yīnwèi měi ge mùtī zhījiān de jiàngé hěn dà, suǒyǐ xūyào liǎng rén

hùxiāng pèihé pānpá, gěi nǐ kàn zhàopiàn.

Zhōngshān Jiàn: Hǎo kù a, nǐmen jìngrán shì hùxiāng cǎishàngqu de, zhēn bù róngyì.

Jīn Bīn: Shì a, pádào dǐngfēng hěn lèi, búguò háishi hěn yǒu chéngjiùgǎn de.

Nǐ jīntiān shì bu shì yě qù shàng tǐyù kè le?

Zhōngshān Jiàn: Duì, wǒmen jījiàn kè jīntiān xué rúhé fādòng jìngōng, dàjiā dàizhe tóukuī,

názhe jiàn. kě yǒu yìsi le.

Jīn Bīn: Tīngshuō nǐmen lǎoshī dàyǒu láitóu?

Zhōngshān Jiàn: Shì a, wǒmen jījiàn lǎoshī kě shì Àoyùn guànjūn ne.

Yǒushí lǎoshī hái huì yìbiān fàng tā guòwǎng de bǐsài shìpín,

yìbiān gěi wǒmen jiǎngjiě jìshù dòngzuò, shōuhuò mǎnmǎn!

Jīn Bīn: Wǒ tài xiànmù nǐ le, xià ge xuéqī wǒ yě yào xuǎn jījiàn kè.

□ 头盔 tóukuī 　名 ヘルメット、防具
□ 大有 dàyǒu 　動 大いに～がある
□ 来头 láitou 　名 身分、経歴
□ 奥运 Àoyùn 　名 オリンピック
□ 冠军 guànjūn 　名 優勝
□ 一边～一边… yìbiān～yìbiān… 　～しながら…する
□ 过往 guòwǎng 　名 過去、以前

□ 比赛 bǐsài 　名 試合
□ 视频 shìpín 　名 ビデオ、動画
□ 讲解 jiǎngjiě 　動 解説する
□ 技术 jìshù 　名 技術
□ 收获 shōuhuò 　名 収穫、成果

文法ポイント Point

95 **1** **"因为～所以…"**

接続詞"因为～所以…"は因果関係を表し、「～なので（したがって）…」という意味を表します。

❶ 因为他不想做饭，所以就去便利店买盒饭。
   Yīnwèi tā bù xiǎng zuòfàn, suǒyǐ jiù qù biànlìdiàn mǎi héfàn.

❷ 因为下大雪，所以车堵得很厉害。
   Yīnwèi xià dàxuě, suǒyǐ chē dǔde hěn lìhai.

❸ 因为我今天有事，所以不能和你一起去买东西。
   Yīnwèi wǒ jīntiān yǒu shì, suǒyǐ bù néng hé nǐ yìqǐ qù mǎi dōngxi.

96 **2** **"竟然"**

副詞"竟然"は「意外にも、なんと～」という意味で、話し手の驚きなどを含んだ表現です。

❶ 你只学了一个月汉语，竟然会唱中文歌了！真的厉害！
   Nǐ zhǐ xuéle yí ge yuè Hànyǔ, jìngrán huì chàng Zhōngwéngē le! Zhēnde lìhai!

❷ 没想到他做的菜竟然这么好吃。
   Méi xiǎngdào tā zuò de cài jìngrán zhème hǎochī.

❸ 他竟然考上了这么好的大学。 Tā jìngrán kǎoshàngle zhème hǎo de dàxué.

97 **3** **"是不是"**

"是不是"は反復疑問文のほか、文中に用いて「～ではないのですか？」という話し手の推量や確認の語気を表すことがあります。

❶ 你是不是下星期一开始上班? Nǐ shì bu shì xià xīngqīyī kāishǐ shàngbān?

❷ 你一直没跟我联系，是不是最近太忙了？
   Nǐ yìzhí méi gēn wǒ liánxì, shì bu shì zuìjìn tài máng le?

❸ 你是不是有什么好消息要告诉我？
   Nǐ shì bu shì yǒu shénme hǎo xiāoxi yào gàosu wǒ?

補充単語 **101**

盒饭 héfàn 名弁当　　堵 dǔ 動ふさぐ、さえぎる　　厉害 lìhai 形ひどい、すごい
考上　kǎoshàng　合格する

98 **4** **"听说"**

動詞 **"听说"** は自分が耳で聞いて知った「伝聞」を表し、「聞くところによると〜だそうである」という意味になります。

❶ 听说那个演唱会很好，咱们一起去看怎么样？
   Tīngshuō nàge yǎnchànghuì hěn hǎo, zánmen yìqǐ qù kàn zěnmeyàng?

❷ 听说你们班来了一个新同学。 Tīngshuō nǐmen bān láile yí ge xīn tóngxué.

❸ 听说他家里有很多兄弟姐妹。 Tīngshuō tā jiā li yǒu hěn duō xiōngdì jiěmèi.

99 **5** **"有时"**

副詞 **"有时"** は頻度を表し「時には、ある時は」という意味を表し、よく **"有时候"** とも言います。**"有时(候)〜有时(候)…"** のかたちでは「時には〜であり、また時には…」という意味になります。

❶ 他沉迷于工作，有时工作到很晚。
   Tā chénmíyú gōngzuò, yǒushí gōngzuòdào hěn wǎn.

❷ 中午有时我自己做饭，有时叫外卖。
   Zhōngwǔ yǒushí wǒ zìjǐ zuòfàn, yǒushí jiào wàimài.

❸ 周末有时候在家看小说，有时候去爬山。
   Zhōumò yǒushíhou zài jiā kàn xiǎoshuō, yǒushíhou qù pá shān.

100 **6** **"一边〜一边…"**

"一边〜一边…" はそれぞれ後ろに動詞句を伴って「〜しながら…する」という意味になり、2つの動作が同時に行われることを表します。

❶ 他们一边喝咖啡，一边聊天儿。 Tāmen yìbiān hē kāfēi, yìbiān liáotiānr.

❷ 他爸爸喜欢一边开车一边听广播。
   Tā bàba xǐhuan yìbiān kāichē yìbiān tīng guǎngbō.

❸ 为了庆祝节日，人们一边唱歌一边跳舞。
   Wèile qìngzhù jiérì, rénmen yìbiān chànggē yìbiān tiàowǔ.

補充単語

演唱会 yǎnchànghuì 名 コンサート　　沉迷于 chénmíyú 〜に熱中する、〜に心を奪われる

爬山 pá shān 動 山登りをする　　广播 guǎngbō 名 放送　　庆祝 qìngzhù 動 祝う

节日 jiérì 名 祝日、記念日

🔊 102 **1** 聞こえた中国語を簡体字で書き取りましょう。

❶ _____

❷ _____

❸ _____

2 次の（　　）に適切な語句を入れましょう。

❶ 没想到参加的人（　　　　）这么多。
　　・参加する人が意外にもこんなに多いとは思いもよらなかった。

❷ （　　　　）这个摄影师很有名。
　　・このカメラマンはとても有名だそうです。

❸ 这门课挺难的，（　　　　）会学不大进去。
　　・この授業はなかなか難しく、時にはあまり頭に入らないことがある。

大学生が好きな SNS は…

"新浪微博(Xīnlàng Wēibó)"：情報収集や情報共有、仲間との交流がメインのSNSで、国内ニュースや占い、フォロワーの動向などあらゆる情報を追うことができます。

"微信(Wēixìn)"：大学生が最もよく使うSNSで、友人との連絡・交流や日常の記録、また活動のアピールや宣伝などオールマイティに利用しています。

"知乎(Zhīhū)"：生活の知恵から専門的な知識まで利用者間で共有できる知識検索サービスです。

3 次の語句を正しく並べかえて、日本語に訳しましょう。

❶ 他（等 / 是不是 / 在 / 你 / 家）?

中国語 _____

日本語 _____

❷ 我 / 电视 / 一边 / 上网 / 看 / 一边 / , / 。

中国語 _____

日本語 _____

❸ 因为（了 / 上课 / 没 / 生病 / 他 / 去 / 所以 / , / 。）

中国語 _____

日本語 _____

4 日本語に合うように中国語（簡体字）に訳しましょう。

❶ 聞くところによると彼は妹がいるそうです。（有）

_____

❷ 私は音楽を聴きながら宿題をやります。（做）

_____

❸ あなたは疲れているのではないですか。（很）

_____

就医 🔊 103
Jiùyī

中山健：学长，我这两天觉得牙有点儿疼，想去看医生，
请问哪里比较方便？

王　浩：校医院比较方便，毕竟在校内。但是校医院的
口腔科只有提前预约挂号才能正常就医。

中山健：是去门诊挂号吗？

王　浩：不，口腔科需要线上预约。你先把放号时间查好，
因为，一般放号没几分钟就挂满。

中山健：天哪，口腔科竟然这么难预约！

王　浩：毕竟校医院口腔科价格比较亲民，服务又好，
大家喜欢也不是没有道理。

中山健：但是现在牙疼得越来越厉害了，
我想今天下课就去看医生。

王　浩：那你还是去北医三院挂急诊吧，这样比较快。
打车去也很方便。

中山健：好的，谢谢学长。

 🔊 104

新出单语

□ 牙 yá 名 歯
□ 看 kàn 動 診察を受ける
□ 毕竟 bìjìng 副 結局、さすがに
□ 口腔科 kǒuqiāngkē 名 口腔歯科
□ 只有～才… zhǐyǒu ～ cái…
　　接 ～してこそはじめて…だ
□ 预约 yùyuē 動 予約する

□ 挂号 guàhào 動 受付する、申し込む
□ 就医 jiùyī 動 医者にかかる
□ 门诊 ménzhěn 動 外来患者を診察する
□ 把 bǎ 前 ～を
□ 放号时间 fànghào shíjiān 名 予約受付時間
□ 天哪 tiān na （驚きや衝撃を受け）何ということだ
□ 亲民 qīnmín 動 庶民にやさしくする

66

歯が痛くなってきた中山さんは先輩に病院のことを聞いてみました。

Zhōngshān Jiàn: Xuézhǎng, wǒ zhè liǎng tiān juéde yá yǒudiǎnr téng, xiǎng qù kàn yīshēng,

qǐngwèn nǎli bǐjiào fāngbiàn?

Wáng Hào: Xiàoyīyuàn bǐjiào fāngbiàn, bìjìng zài xiàonèi. Dànshì xiàoyīyuàn de

kǒuqiāngkē zhǐyǒu tíqián yùyuē guàhào cái néng zhèngcháng jiùyī.

Zhōngshān Jiàn: Shì qù ménzhěn guàhào ma?

Wáng Hào: Bù, kǒuqiāngkē xūyào xiànshang yùyuē. Nǐ xiān bǎ fànghào shíjiān cháhǎo,

yīnwèi, yìbān fànghào méi jǐ fēnzhōng jiù guàmǎn.

Zhōngshān Jiàn: Tiān na, kǒuqiāngkē jìngrán zhème nán yùyuē!

Wáng Hào: Bìjìng xiàoyīyuàn kǒuqiāngkē jiàgé bǐjiào qīnmín, fúwù yòu hǎo,

dàjiā xǐhuan yě bú shì méiyǒu dàolǐ.

Zhōngshān Jiàn: Dànshì xiànzài yá téngde yuèláiyuè lìhai le,

wǒ xiǎng jīntiān xiàkè jiù qù kàn yīshēng.

Wáng Hào: Nà nǐ háishi qù Běiyī Sānyuàn guà jízhěn ba, zhèyàng bǐjiào kuài.

Dǎchē qù yě hěn fāngbiàn.

Zhōngshān Jiàn: Hǎode, xièxie xuézhǎng.

□ 越来越 yuèláiyuè~　ますます～になる
□ 北医三院 Běiyī Sānyuàn　北京大学第三病院
□ 急诊 jízhěn　名 急诊
□ 打车 dǎchē　動 タクシーに乗る

第9课

🔊105 **1** "有点儿"＋形容詞

「"有点儿"＋形容詞」で「少し～である、いささか～である」という意味で、主に話し手にとって好ましくないというマイナスイメージのニュアンスを表します。

❶ 这个菜有点儿咸，不要吃太多。　　Zhège cài yǒudiǎnr xián, búyào chī tài duō.

❷ 我有点儿累了，想早点儿回家。　　Wǒ yǒudiǎnr lèi le, xiǎng zǎo diǎnr huíjiā.

❸ 这双鞋有点儿大，可以换小一号的吗？
Zhè shuāng xié yǒudiǎnr dà, kěyǐ huàn xiǎo yí hào de ma?

🔊106 **2** "毕竟"

副詞"毕竟"は「結局、さすがに」という意味で、その後ろに述べられる原因や事柄などが事実であると強調する表現です。

❶ 她游得真好，毕竟是在海边长大的。
Tā yóude zhēn hǎo, bìjìng shì zài hǎibiān zhǎngdà de.

❷ 兄弟毕竟是兄弟，吵几句一会儿就好了。
Xiōngdì bìjìng shì xiōngdì, chǎo jǐ jù yíhuìr jiù hǎo le.

❸ 不要责怪他，他毕竟已经认错了。
Búyào zéguài tā, tā bìjìng yǐjīng rèncuò le.

🔊107 **3** "只有～才…"

"只有～才…"は「～してこそはじめて…である」、「～しなければ…しない」という意味を表します。"只有"の後ろには欠かせない唯一の条件が提示されます。

❶ 只有努力学习，才能取得好成绩。 Zhǐyǒu nǔlì xuéxí, cái néng qǔdé hǎo chéngjì.

❷ 只有同心协力，才能完成这个工作。
Zhǐyǒu tóngxīn xiélì, cái néng wánchéng zhège gōngzuò.

❸ 只有诚心诚意，才能交到知心朋友。
Zhǐyǒu chéngxīn chéngyì, cái néng jiāodào zhīxīn péngyou.

補充単語 🍭★ 🔊111

咸 xián 形 塩辛い　　小一号 xiǎo yí hào ひとつ小さいサイズ　　吵 chǎo 動 言い争う　　责怪 zéguài 動 とがめる　　认错 rèncuò 動 過ちを認める　　同心协力 tóngxīn xiélì 成 心を合わせて協力する　　诚心诚意 chéngxīn chéngyì 誠心誠意　　交 jiāo 動 友人を作る　　知心 zhīxīn 形 理解し合っている

◁)) 108 ④ "把"

前置詞"把"は目的語を前置して、特にその目的語にどのような処理を加え、どのような結果が生じたのかを強調する表現です。

❶ 你们把椅子搬到那儿去吧。　　Nǐmen bǎ yǐzi bāndào nàr qù ba.

❷ 我想把日元换成人民币。　　　Wǒ xiǎng bǎ rìyuán huànchéng rénmínbì.

❸ 她汉语说得很流利，有人把她当作中国人了。
Tā Hànyǔ shuōde hěn liúlì, yǒu rén bǎ tā dàngzuò Zhōngguórén le.

◁)) 109 ⑤ 動詞＋"满"

「動詞＋"满"」のかたちで動作の結果、一定の場所を「満たす、いっぱいにする」という結果補語の表現です。

❶ 大厅里已坐满了五百多个人。　　Dàtīng li yǐ zuòmǎnle wǔbǎi duō ge rén.

❷ 我的抽屉里放满了很多纪念章。　　Wǒ de chōuti li fàngmǎnle hěn duō jìniànzhāng.

❸ 院子里种满了各种各样的花草。
Yuànzi li zhòngmǎnle gèzhǒng gèyàng de huācǎo.

◁)) 110 ⑥ "越来越～"

"越来越～"は時間経過に伴い「ますます～になる」という表現です。また、"越～越…"というかたちで「～すればするほど…になる」という意味を表します。

❶ 秋天到了，天气越来越凉快了。
Qiūtiān dào le, tiānqì yuèláiyuè liángkuai le.

❷ 最近不带现金的人越来越多了。
Zuìjìn bú dài xiànjīn de rén yuèláiyuè duō le.

❸ 这本漫画越看越有意思。　　Zhè běn mànhuà yuè kàn yuè yǒu yìsi.

補充単語 🍭★

当作 dàngzuò 　動 見なす　　大厅 dàtīng 　名 ホール　　抽屉 chōuti 　名 引き出し　　纪念章
jìniànzhāng 　名 記念メダル　　种 zhòng 　動 植える　　各种各样 gèzhǒng gèyàng 　さまざま
な　　花草 huācǎo 　名 草花　　现金 xiànjīn 　名 現金

🔊 112 **1** 聞こえた中国語を簡体字で書き取りましょう。

❶ _____

❷ _____

❸ _____

2 次の（　　　）に適切な語句を入れましょう。

❶ 书架上放（　　　　　）了书。

　　・本棚は本でいっぱいになっています。

❷ （　　　　　）是名牌。质量很不错。

　　・さすがはブランドです。質がすばらしい。

❸ （　　　　　）努力，（　　　　　）能成功。

　　・努力してこそ、はじめて成功できる。

大学生のバイト事情…

"快捷餐厅打工 (kuàijié cāntīng dǎgōng)"「ファストフードでのバイト」：店舗数の多い「マクドナルド、ケンタッキー、スタバ」は時給や業務分担も明瞭で、バイトをしたい大学生にとって人気の選択肢となっています。

"校内打工助学 (xiàonèi dǎgōng zhùxué)"「学内でのバイト」：多くの大学には学生のためのアルバイト支援をする部署があり、図書館や学内の飲食施設などの仕事を紹介してくれます。

"运营自媒体 (yùnyíng zìméitǐ)"「ソーシャルメディアの運営」："微信"の公式アカウント、「bilibili 動画」やアプリ「RED」などを通じて、自身の趣味や日常生活を公開することで収益につなげる学生もたくさんいます。

3 次の語句を正しく並べかえて、日本語に訳しましょう。

❶ 客人 / 咖啡馆 / 都 / 满 / 了 / 坐 / 。

中国語 _____

日本語 _____

❷ 你（电话号码 / 你 / 告诉 / 的 / 把 / 我）吧。

中国語 _____

日本語 _____

❸ 学 / 的 / 越来越 / 多 / 汉语 / 学生 / 了 / 。

中国語 _____

日本語 _____

4 日本語に合うように中国語（簡体字）に訳しましょう。

❶ この料理は少し辛いです。（辣）

_____

❷ 私はまだその本を読み終わっていません。（把）

_____

❸ 中国語は学べば学ぶほど面白いです。（汉语）

_____

第 **10** 课
Dì shí kè

出发，去三亚 🔊 113
Chūfā, qù Sānyà

中山健：这个学期终于结束了，咱们之前说暑假去三亚的
约定大家都还没忘吧？

金 玢：当然，这么重要的事情怎么能忘呢。
我们什么时候出发呢？我已经等不及了！

林 夏：夏天是三亚的淡季，现在正是机票和酒店价格最低的
时候。我看下周三机票最便宜，要不咱们下周出发？

中山健：我可以！我们住酒店还是民宿？我想住海边的酒店，
早上起来可以看到大海，美滋滋！

金 玢：我在看三亚的旅游攻略。不管是从环境、设施和
服务上看都差不多，不过酒店比民宿贵一些。
大家看看这家民宿怎么样？

林 夏：哇，这家就在海滩边上，还带私家泳池，
竟然只要酒店一半的价格。我好心动！

中山健：是啊，这附近有很多好吃的餐厅和好看的景点，
要不就这家了吧。

金 玢：可以，那我先定下四晚。
大家别忘了把自己的泳衣和防晒霜都带上。

林 夏：已经装到淘宝购物车了，好期待我们的三亚之旅！

 🔊 114

新出単語

□ 约定 yuēdìng 〔動〕约束する
□ 等不及 děngbují 待ちきれない
□ 淡季 dànjì 〔名〕閑散期
□ 民宿 mínsù 〔名〕民宿
□ 美滋滋 měizīzī 〔形〕（期待などで）浮き浮きしている
□ 旅游攻略 lǚyóu gōnglüè
　　観光ガイドアプリやサイトの名前

□ 不管～都… bùguǎn ～dōu…
　　〔接〕～であろうと…
□ 设施 shèshī 〔名〕施設
□ 差不多 chàbuduō
　　〔形〕ほとんど同じである、たいして違わない
□ 海滩 hǎitān 〔名〕砂浜

夏休みになりました。中山さんは友人と海南省の三亜に遊びに行くつもりのようです。

Zhōngshān Jiàn: Zhège xuéqī zhōngyú jiéshù le, zánmen zhīqián shuō shǔjià qù Sānyà de yuēdìng dàjiā dōu hái méi wàng ba?

Jīn Bīn: Dāngrán, zhème zhòngyào de shìqing zěnme néng wàng ne. Wǒmen shénme shíhou chūfā ne? Wǒ yǐjīng děngbují le!

Lín Xià: Xiàtiān shì Sānyà de dànjì, xiànzài zhèng shì jīpiào hé jiǔdiàn jiàgé zuì dī de shíhou. Wǒ kàn xiàzhōusān jīpiào zuì piányi, yàobù zánmen xiàzhōu chūfā?

Zhōngshān Jiàn: Wǒ kěyǐ! Wǒmen zhù jiǔdiàn háishi mínsù? Wǒ xiǎng zhù hǎibiān de jiǔdiàn, zǎoshang qǐlai kěyǐ kàndào dàhǎi, měizīzī!

Jīn Bīn: Wǒ zài kàn Sānyà de lǚyóu gōnglüè. Bùguǎn shì cóng huánjìng、shèshī hé fúwùshàng kàn dōu chàbuduō, búguò jiǔdiàn bǐ mínsù guì yìxiē. Dàjiā kànkan zhè jiā mínsù zěnmeyàng?

Lín Xià: Wā, zhè jiā jiù zài hǎitānbiān shang, hái dài sījiā yǒngchí, jìngrán zhǐyào jiǔdiàn yíbàn de jiàgé. Wǒ hǎo xīndòng!

Zhōngshān Jiàn: Shì a, zhè fùjìn yǒu hěn duō hǎochī de cāntīng hé hǎokàn de jǐngdiǎn, yàobù jiù zhè jiā le ba.

Jīn Bīn: Kěyǐ, nà wǒ xiān dìngxià sì wǎn. Dàjiā bié wàngle bǎ zìjǐ de yǒngyī hé fángshàishuāng dōu dàishàng.

Lín Xià: Yǐjīng zhuāngdào Táobǎo gòuwùchē le, hǎo qīdài wǒmen de Sānyà zhī lǚ!

□ 私家泳池 sījiā yǒngchí　プライベートプール
□ 一半 yíbàn　数 半分
□ 心动 xīndòng　動 気を引かれる
□ 景点 jǐngdiǎn　名 観光スポット
□ 泳衣 yǒngyī　名 水着
□ 防晒霜 fángshàishuāng　名 日焼け止めクリーム
□ 装 zhuāng　動 積む

□ 淘宝 Táobǎo　タオバオ（中国のオンラインモール）
□ 购物车 gòuwùchē　買い物カート

115 ① "怎么能～"

"怎么能～" は「どうして～できるだろうか（いや、できない）」という意味になる反語の表現です。後ろが否定文の場合は「～しないことができようか（しないわけがない）」という意味を表します。

❶ 有这么好的机会，怎么能放过呢？
Yǒu zhème hǎo de jīhuì, zěnme néng fàngguò ne?

❷ 他好意请你吃饭，你怎么能不去呢？
Tā hǎoyì qǐng nǐ chīfàn, nǐ zěnme néng bú qù ne?

❸ 你不敢开口说英语，怎么能提升英语口语能力呢？
Nǐ bùgǎn kāikǒu shuō Yīngyǔ, zěnme néng tíshēng Yīngyǔ kǒuyǔ nénglì ne?

116 ② "我看～"

"我看" は「（私のみるところでは）～と思う」という意味で、主観的な自分の判断を示す場合によく使われる表現です。

❶ 我看你应该多运动。这样才能保持好身材。
Wǒ kàn nǐ yīnggāi duō yùndòng. Zhèyàng cái néng bǎochí hǎo shēncái.

❷ 外面下大雨，我看你还是在家比较好。
Wàimiàn xià dàyǔ, wǒ kàn nǐ háishi zài jiā bǐjiào hǎo.

117 ③ 選択疑問文 "A 还是 B"

接続詞 **"还是"** を使い、**"(是) A 还是 B"** のかたちで「Aですか、それともBですか」という意味でどちらかを選択させる疑問文です。

❶ 你哥哥在中学教英语还是教汉语？
Nǐ gēge zài zhōngxué jiāo Yīngyǔ háishi jiāo Hànyǔ?

❷ 你明天几点起床？ 五点还是六点？
Nǐ míngtiān jǐ diǎn qǐchuáng? Wǔ diǎn háishi liù diǎn?

❸ 你觉得咖啡热的好喝还是冰的好喝？
Nǐ juéde kāfēi rè de hǎohē háishi bīng de hǎohē?

補充単語 121

好意 hǎoyì 名 好意	开口 kāikǒu 動 口を開く	提升 tíshēng 動 レベルアップする
口语 kǒuyǔ 名 口語	身材 shēncái 名 スタイル	慎重 shènzhòng 形 慎重である
考虑 kǎolǜ 動 考慮する	冰 bīng 動 冷やす	

118 **4** **"不管～都…"**

"不管～都…"は「～であろうと（みな）…である」という意味で、複数の選択肢があっても結論は変わらないことを表します。"不管"の後には疑問詞などが置かれます。

❶ 不管什么时候，你都可以跟我联系。
Bùguǎn shénme shíhou, nǐ dōu kěyǐ gēn wǒ liánxì.

❷ 不管遇到什么困难，我都能坚持到底。
Bùguǎn yùdào shénme kùnnan, wǒ dōu néng jiānchí dàodǐ.

❸ 不管情况怎么样，你都得挺住。
Bùguǎn qíngkuàng zěnmeyàng, nǐ dōu děi tǐngzhù.

119 **5** **"差不多"**

形容詞**"差不多"**は「ほとんど同じである、たいして違わない」という意味で程度や時間などに差がないことやある基準を満たしている、達していることを表します。

❶ 我的汉语水平跟田中差不多。　Wǒ de Hànyǔ shuǐpíng gēn Tiánzhōng chàbuduō.

❷ 同一品牌商品在中国买的跟日本买的价格差不多。
Tóng yì pǐnpái shāngpǐn zài Zhōngguó mǎi de gēn Rìběn mǎi de jiàgé chàbuduō.

❸ 我的想法跟你的差不多。　Wǒ de xiǎngfǎ gēn nǐ de chàbuduō.

120 **6** **前置詞"比"を使った差量の表現**

前置詞**"比"**を使った比較文で特に「差量」を表す場合、「A ＋ **比** ＋ B ＋形容詞」（A は B より形容詞だ）の後に程度を表す語句や数量などの「差量」を置きます。

❶ 我每天练半个小时瑜伽，身体比以前好多了。
Wǒ měi tiān liàn bàn ge xiǎoshí yújiā, shēntǐ bǐ yǐqián hǎoduō le.

❷ 感觉天气比昨天冷得多。你多穿点儿衣服。
Gǎnjué tiānqì bǐ zuótiān lěngdeduō. Nǐ duō chuān diǎnr yīfu.

❸ 我们大学工学院男生比女生多两倍。
Wǒmen dàxué gōngxuéyuàn nánshēng bǐ nǚshēng duō liǎng bèi.

補充単語

遇到 yùdào 動 出会う　　到底 dàodǐ 動 最後まで～する　　挺住 tǐngzhù こらえる
同一品牌 tóng yì pǐnpái 同一ブランド　　想法 xiǎngfǎ 名 考え　　练瑜伽 liàn yújiā ヨガをする

75

練習 Training

🔊122 **1** 聞こえた中国語を簡体字で書き取りましょう。

❶ _____

❷ _____

❸ _____

2 次の（　　）に適切な語句を入れましょう。

❶ 你开车去（　　　　）坐地铁去？

　・あなたは車で行きますか、それとも地下鉄で行きますか。

❷ 你的生日晚会（　　　　）能不参加呢？

　・君の誕生日パーティーなのにどうして参加しないことがあろうか。

❸ 他的个子跟我（　　　　　）。

　・彼の身長は私とほぼ同じです。

大学生が好きなゲームといえば…

"和平精英 (Hépíng Jīngyīng)"「ゲーム・フォー・ピース」：中国のゲーム最大手「テンセント」が2019年に世に出したバトルロイヤルゲーム。多くのユーザーを有し、毎年、公式のゲーム大会が開催されています。

"英雄联盟 (Yīngxióng Liánméng)"「リーグ・オブ・レジェンド」"：アメリカの「ライアットゲームズ」社が開発した2チームに分かれてプレイするオンラインゲーム。毎年、プロゲーマーの世界大会が開催されます。

3　次の語句を正しく並べかえて、日本語に訳しましょう。

❶　我（ 別人 / 能 / 怎么 / 告诉 ）呢?

中国語 _____

日本語 _____

❷　不管（ 忙 / 都 / 不 / 要 / 学 / 汉语 / 每天 / 忙 / 我 / , ）。

中国語 _____

日本語 _____

❸　他跑得（ 一点儿 / 我 / 比 / 快 ）。

中国語 _____

日本語 _____

4　日本語に合うように中国語（簡体字）に訳しましょう。

❶　私は彼は疲れていると思います。（看）

_____

❷　雨が降ろうが、それとも風が吹こうが私はジョギングをしに行きます。（还是、跑步）

_____

❸　中国に旅行に行くのはアメリカに旅行に行くよりずっと安いです。（多了）

_____

※各単語のピンイン表記をもとに、アルファベット順に並べています。

掲載場所の表記について：ウⅠ（ウォーミングアップⅠ）・ウⅡ（ウォーミングアップⅡ）
ウⅠド（ウォーミングアップⅠドリルの補充単語）
数字「1〜10」は各課を表す
新（新出単語）／補（補充単語）

A		
àihào	爱好	ウⅡ補
Àoyùn	奥运	8 新

B		
bǎ	把	9 新
bǎi	摆	2 補
báifèi	白费	6 新
Bǎituán dàzhàn	百团大战	5 新
bān	搬	2 補
bāng	帮	4 新
bàng	棒	ウⅡ新
bǎngdān	榜单	7 新
bānjiā	搬家	5 補
bāo jiāo bāo huì	包教包会	2 新
bèisòng	背诵	6 補
Běiyī Sānyuàn	北医三院	9 新
bìjìng	毕竟	9 新
bìjuàn kǎoshì	闭卷考试	3 新
bīng	冰	10 補
bìng	并	7 補
bǐqǐ	比起	2 新
bǐrú	比如	1 新
bǐsài	比赛	8 新
bō	拨	4 補
bōfàng	播放	1 新
bú shì ~jiù shì…	不是~就是…	7 新
búdà	不大	7 補
búdàn ~érqiě…	不但~而且…	7 新
bùguǎn ~dōu…	不管~都…	10 新
búyào	不要	3 新
búzhìyú	不至于	3 新

C		
cái	才	3 新
cǎi	踩	4 新
cānyù	参与	5 新
céng	层	2 新
chàbuduō	差不多	10 新
chāhuā	插花	ウⅡ補
chángwèi	肠胃	2 補
chǎo	吵	9 補
chāoguò	超过	5 補
chāojí	超级	1 新
chǎojià	吵架	5 補
chēnghu	称呼	ウⅠ補
chéngjiùgǎn	成就感	8 新
chéngxīn chéngyì	诚心诚意	9 新
chéngzuò	乘坐	ウⅠ補
chénmíyú	沉迷于	8 新
chǒu	丑	4 新
chōuti	抽屉	9 新
chūmén	出门	1 補
chūnyóu	春游	7 新
cónglái	从来	2 補

D		
dǎ	打	1 補
dà èr	大二	ウⅠ新
dǎbāo	打包	1 補
dǎchē	打车	9 新
dài	戴	2 補
dāihuìr	待会儿	2 補
dǎkǎ	打卡	7 新
dàlóu	大楼	3 補

dānbǎn huáxuě	单板滑雪	2	新
dàngzuò	当作	9	補
dànhuángsū	蛋黄酥	5	新
dànjì	淡季	10	新
dàodǐ	到底	10	補
dàtīng	大厅	9	補
dàyǒu	大有	8	新
de	得	2	新
dehuà	的话	2	新
děngbují	等不及	10	新
dì yī tiān	第一天	ウⅠ	新
diàn	垫	4	新
diǎn	点	4	補
diǎnbō	点播	1	新
diǎnxin	点心	ウⅠ	補
dìng	定	1	新
dǐngduān	顶端	6	新
dǐngfēng	顶峰	8	新
Dōng Qìngjiè	东庆介	ウⅠド	
dǒng	懂	1	補
dǔ	堵	8	補
duànliàn	锻炼	1	新
duī	堆	2	新

E

èr jiào	二教	1	新
érqiě	而且	5	新

F

fā	发	5	新
fādòng	发动	8	新
fàncài	饭菜	2	補
fànghào shíjiān	放号时间	9	新
fàngqì	放弃	4	補
fángshàishuāng	防晒霜	10	新
fànwéi	范围	6	補
fānyì	翻译	4	補
fēngfù	丰富	3	補

fú	扶	4	新
fùzé	负责	7	新

G

gāi	该	ウⅠ	補
gǎn	敢	2	新
gǎn xìngqù	感兴趣	ウⅡ	補
gǎnbushàng	赶不上	4	補
gǎndòng	感动	1	補
gāngcái	刚才	1	補
gānjìng	干净	ウⅡ	新
gǎnjué	感觉	3	新
gāo'ěrfūqiú	高尔夫球	2	補
gāotiě	高铁	2	補
gébì	隔壁	5	新
gèzhǒng gèyàng	各种各样	9	補
gōnglǐ	公里	1	新
gōngxǐ	恭喜	6	新
gōngyù	公寓	7	補
gòuwùchē	购物车	10	新
guàhào	挂号	9	新
guàkē	挂科	3	新
guǎngbō	广播	8	補
guàngjiē	逛街	2	補
guànjūn	冠军	8	新
guānxīn	关心	1	補
guānyú	关于	7	補
guānzhòng	观众	5	新
gǔdài Hànyǔ	古代汉语	3	新
gǔlì	鼓励	1	新
guójì	国际	ウⅠド	
guòqu	过去	1	新
guòwǎng	过往	8	新

H

háishi	还是	3	新
hǎitān	海滩	10	新
hángbān	航班	ウⅠ	補

hǎo	好	1新、3新	jiāxiāng	家乡	2新
hǎohàn	好汉	3新	jiāyóu	加油	2補
hǎohāor	好好儿	6補	jiāzhǎng	家长	7新
hǎoxiàng	好像	7補	jié kè	结课	3新
hǎoyì	好意	10補	jiémù	节目	ウI補
hé	合	2補	jiérì	节日	8補
héfàn	盒饭	8補	jiēwǔshè	街舞社	6新
hěn gāoxìng jiàndào~			jìhuà	计划	7補
	很高兴见到~	ウI新	jījiàn	击剑	8新
hóngshāoròu	红烧肉	ウII補	Jīn Bīn	金玢	ウI新
huācǎo	花草	9補	jīngcǎi	精彩	ウI補
huáchuán	划船	7新	jǐngdiǎn	景点	10新
huái	怀	4新	jīngguò	经过	6新
huánbǎo	环保	1新	jīngjì	经济	ウIド
huánjìng	环境	5補	jìngōng	进攻	8新
huānyíng	欢迎	ウI新	jìngrán	竟然	8新
huàzhuāngpǐn	化妆品	3補	jīngyàn	经验	3補
huílai	回来	ウII新	jīngzhì	精致	7補
huínuǎn	回暖	7新	jìniànzhāng	纪念章	9補
huīxīn sàngqì	灰心丧气	4補	jíshǐ~yě…	即使~也…	4新
huìyì	会议	1補	jìshù	技术	8新
húluóbo	胡萝卜	5新	jiùmìng	救命	3新
huòxǔ	或许	7新	jiùyào~le	就要~了	3新
			jiùyī	就医	9新
			jìxiàlai	记下来	6補
			jíyóu	集邮	ウII補

J

jī	积	2新	jízhěn	急诊	9新
jì~yòu…	既~又…	ウII補	jǔbàn	举办	5新
jiàn	剑	8新	juéde	觉得	3新
jiānchí	坚持	6補	juéqiào	诀窍	5新
jiǎngjiě	讲解	8新	jǔxíng	举行	5新
jiǎngpǐn	奖品	1新	jùzi	句子	4補
jiǎngtáng	讲堂	5新			
jiànyì	建议	7補			
jiǎnzhí	简直	7新			

K

jiāo	交	9補	kāikǒu	开口	10補
jiàoliàn	教练	2新	kāixué	开学	ウI新
jiārù	加入	ウI補	kàn	看	9新
jiāwù	家务	7補	kànshàngqu	看上去	7補

kǎolù	考虑	10補
kǎoshàng	考上	8補
kě	可	ウⅡ補、1新
kěxī	可惜	4新
kěyǐ	可以	ウⅠ新
kōngfù	空腹	5新
kǒuqiāngkē	口腔科	9新
kǒuyǔ	口语	10補
kǔ	苦	ウⅡ補
kù	酷	1補
kùn	困	3補
kùnnan	困难	ウⅡ補

L

là	辣	ウⅡ補
láitou	来头	8新
láizì	来自	ウⅠ新
lǎo yàngzi	老样子	ウⅡ補
lèi	累	3補
liǎ	俩	4新
liàn yújiā	练瑜伽	10補
liánxì	联系	3補
lìhai	厉害	8補
Lín Xià	林夏	ウⅠ新
lǐng	领	5新
línghuāqián	零花钱	7補
língshí	零食	5新
lùguò	路过	5新
lǚyóu gōnglüè	旅游攻略	10新

M

màiwán	卖完	ウⅠ補
málà xiāngguō	麻辣香锅	ウⅡ新
mǎmǎhūhū	马马虎虎	ウⅡ補
mànmànyōuyōu	慢慢悠悠	7新
mànmānr	慢慢儿	3新
mǎnyì	满意	ウⅡ補
měi zhōu	每周	1新

měizīzī	美滋滋	10新
mén	门	ウⅡ新
ménzhěn	门诊	9新
miǎnfèi	免费	2新
miáotiao	苗条	ウⅡ補
míngbai	明白	3新
míngxīng	明星	1補
mínsù	民宿	10新
mòbānchē	末班车	3補
mótèr	模特儿	ウⅡ補
mùbiāo	目标	6補
mùtī	木梯	8新

N

ná	拿	1新
nǎ tiān	哪天	ウⅡ新
niánqīng	年轻	3補

P

pá	爬	8新
pà	怕	2新
pāi	拍	1補
pānpá	攀爬	8新
pānyánshè	攀岩社	6新
pá shān	爬山	8補
pèihé	配合	8新
pěngchǎng	捧场	6新
píngdì	平地	4新
píngshí	平时	7補

Q

qiántái	前台	4新
qiǎo	巧	ウⅠ新
qīdài	期待	5新
qǐfēi	起飞	2補
qīmò lùnwén	期末论文	3新
qīmòjì	期末季	3新
qīngsōng	轻松	ウⅡ新

索引

81

qīngyì	轻易	4	補
qìngzhù	庆祝	8	補
qīnmín	亲民	9	新
qíshí	其实	7	新
qìyóu	汽油	7	補
quèshí	确实	7	新
qún	群	ウI	補

R

rén shān rén hǎi	人山人海	7	新
rènbuchūlai	认不出来	7	補
rèncuò	认错	9	補
rìluò	日落	7	新
róngxìng zhī jí	荣幸之极	4	新
rúhé	如何	8	新

S

shāngchǎng	商场	5	補
shǎnghuā	赏花	7	新
shàngtái	上台	6	新
shàngwǎng	上网	2	補
shānlù	山路	7	補
shāo	稍	4	新
shèng	剩	3	新
shēncái	身材	10	補
shēngqì	生气	3	補
shènzhòng	慎重	10	補
shèshī	设施	10	新
shètuán	社团	5	新
shīfàn dàxué	师范大学	5	補
shífēn	十分	ウII	補
shífēn	时分	7	補
shìhé	适合	7	新
shìpín	视频	8	新
shōu	收	5	補
shōuhuò	收获	8	新
shōukàn	收看	ウI	補
shuāi	摔	2	新

shuāngbǎn huáxuě	双板滑雪	2	新
shuāyá	刷牙	1	補
shūjià	书架	2	補
shùnlì	顺利	ウII	補
shūshu	叔叔	ウI	補
sījiā yǒngchí	私家泳池	10	新
sīrén	私人	4	新
sǐwáng	死亡	3	新
suīrán	虽然	3	新

T

Táobǎo	淘宝	10	新
tèbié	特别	ウII	新
tí	题	3	新
tiān na	天哪	9	新
tián	甜	ウII	補
tiānqì yùbào	天气预报	6	補
tiāntī	天梯	8	新
tiāo	挑	4	補
tígāo	提高	6	補
tǐng	挺	3	新
tǐng (~de)	挺(~的)	ウII	新
tíngchē	停车	3	補
tǐngzhù	挺住	10	補
tíqián	提前	5	補
tíshēng	提升	10	補
tǐyàn	体验	4	新
tóngnián huíyì	童年回忆	1	新
tóngxīn xiélì	同心协力	9	補
tóng yì pǐnpái	同一品牌	10	新
tóng yì tiān	同一天	ウI	補
tóukuī	头盔	8	新
tuījiàn	推荐	7	新
tuīsòng	推送	5	新
tuòzhǎn xùnliàn	拓展训练	8	新

W

wàidì	外地	7	新

wàimài	外卖	4 補
wàitào	外套	4 補
wán	完	1 新
Wáng Hào	王浩	ウ I 新
wǎnghòu	往后	3 新
wǎnhuì	晚会	5 補
wǎnkè	晚课	ウ II 新
wánměi	完美	7 新
wèikǒu	胃口	2 補
wèile	为了	6 新
wūguī	乌龟	4 新
wùhuì	误会	3 補

X

xì	系	ウ I 新
xián	咸	9 補
xiān～zài…	先～再…	4 新
xiǎng	想	3 補
xiāngdāng	相当	ウ II 補
xiǎngfǎ	想法	10 補
xiànjīn	现金	9 補
xiànmù	羡慕	3 新
xiànzhuàng	现状	ウ II 補
Xiǎohóngshū	小红书	7 新
xiāolù	销路	3 補
xiǎo yí hào	小一号	9 補
xiàxuětiān	下雪天	2 新
xīndòng	心动	10 新
xiū	修	6 補
xuěbǎn	雪板	4 新
xuěrén	雪人	2 新
xuézhǎng	学长	ウ I 新
xùnliàn	训练	6 新
xūyào	需要	3 新

Y

yá	牙	9 新
yǎnchànghuì	演唱会	8 補
yǎng	养	6 補
yào	要	ウ II 新、1 新
yàobù	要不	4 新
yàozhuāngdiàn	药妆店	3 補
yèbēn	夜奔	1 新
yěcān	野餐	7 新
yī～jiù…	一～就…	4 新
yíbàn	一半	10 新
yìbiān～yìbiān…	一边～一边…	8 新
Yíhéyuán	颐和园	2 補
yǐjīng	已经	ウ I 補
yīnggāi	应该	7 補
yíngqǔ	赢取	5 新
yíngyè	营业	6 補
yíqiè	一切	ウ II 補
yìquān	一圈	5 新
yírìyóu	一日游	4 新
yìshùpǐn	艺术品	7 補
yǒngchí	泳池	ウ II 新
yǒngyī	泳衣	10 新
yòu～yòu…	又～又…	ウ II 新
yòu	又	ウ II 新
yǒujiù	有救	3 新
yuànzi	院子	2 補
yùdào	遇到	10 補
yuèláiyuè～	越来越～	9 新
yuēdìng	约定	10 新
yùyuē	预约	9 新

Z

zéguài	责怪	9 補
zěnme	怎么	3 新
zhǎo	找	5 補
zhàogù	照顾	1 補
zháojí	着急	3 新
zháoliáng	着凉	4 補
zhāoxīn	招新	5 新
zhè bèizi	这辈子	3 新

索引

zhème yì shuō	这么一说	5	新
zhēn qiǎo	真巧	ウ I	新
zhīhòu	之后	6	新
zhīqián	之前	6	新
zhǐshì	只是	2	新
zhīxīn	知心	9	補
zhǐyào～jiù…	只要～就…	6	新
zhǐyǒu～cái…	只有～才…	9	新
zhǒng	种	ウ I	補
zhòng	种	9	補
Zhōngshān Jiàn	中山健	ウ I	新
zhuājǐn	抓紧	3	新
zhuānchǎng	专场	1	新
zhuāng	装	10	新
zhuānjí	专辑	1	新
zhǔnbèi	准备	1	新
zhǔtí	主题	1	新
zhǔyi	主意	7	新
zìfā	自发	1	新
zōngyì	综艺	6	新
zhuānyè	专业	ウ I	ド
zǔzhī	组织	1	新

表紙デザイン　大下賢一郎
本文デザイン　小熊未央
写真　　　　　Shutterstock

音声吹込　　　胡興智
　　　　　　　李　洵

キャンパス・ナビゲーション
北京の大学生たち

| 検印省略 | © 2023 年 1 月 31 日　第 1 版　発行 |

著　者　　　　　　　　　　　　南雲大悟

発行者　　　　　　　　　　　　小川　洋一郎
発行所　　　　　　　株式会社 朝 日 出 版 社
〒 101-0065　東京都千代田区西神田 3-3-5
電話（03）3239-0271・72（直通）
振替口座　東京　00140-2-46008
欧友社 / 信毎印刷
http://www.asahipress.com